Ellen-Brigitte Lawaczeck

Allein geschafft!

Roman

Ellen-Brigitte Lawaczeck

Allein geschafft!

Roman

TRIGA – Der Verlag

Bibliografische Information der Deutschen Bibliothek
Die Deutsche Bibliothek verzeichnet diese Publikation in der
Deutschen Nationalbibliografie;
detaillierte bibliografische Daten sind im Internet über
http://dnb.ddb.de abrufbar.

1. Auflage 2009

Feldstraße 2a, 63584 Gründau-Rothenbergen
www.triga-der-verlag.de

Korrektorat: Waltraud Steffens, Tawern

Coverfoto: © helix – Fotolia.com

Druck: Druckservice Spengler, 63486 Bruchköbel
Printed in Germany

ISBN 978-3-89774-706-7

Inhalt

1. Kapitel
Krankheit als Chance

Heute vor zehn Jahren ...

Es war kurz vor meinem vierzigsten Geburtstag. Ich lag auf dem kalten Metalltisch und bekam gerade einen Schlauch quer durch meinen Körper in mein Herz geschoben. Der Weg ging von der rechten Leiste aus durch die Venen ins Herz. Am Anfang des Schlauches war eine Kamera. Auf dem Monitor, der über mir hing, konnte ich sehen, wo der Schlauch sich gerade befand. Seltsamerweise hatte ich keine Schmerzen. Das hatten sie mir auch versprochen. Aber ich hatte es nicht geglaubt. Wer glaubt schon, dass so etwas nicht weh tut? Und ich glaubte Ärzten sowieso nicht alles. Mut, auf den Monitor zu sehen, hatte ich allerdings nicht. Ich musste mir das Elend nicht noch live ansehen. Außerdem hatte ich ja sowieso keine Ahnung von Medizin.

Ich versuchte mich krampfhaft auf etwas anderes zu konzentrieren, auf mich: Carla, 39 Jahre alt, verheiratet, zwei Kinder, sechs und vier Jahre alt, berufstätig, eigentlich eher von kleiner und zierlicher Statur, aber mit ganz viel Power. Sonst hätte ich den täglichen Spagat zwischen Kindern und Job bislang auch nicht schaffen können. Bedauerlicherweise versagte diese Energie, wenn es um Paul, meinen Ehemann und den Vater meiner Kinder ging. Bei ihm bin ich nach der Geburt meiner Kinder von einer selbstbewussten und beruflich erfolgreichen Frau, die sich nicht alles bieten lässt und mit beiden Beinen im Leben und im Job steht, zum Ja-sagenden Heimchen, zum Fußabtreter mutiert, die sich wirklich alles gefallen ließ. Denn etwa zeitgleich mit der Geburt unseres Sohnes änderte sich auch Paul, zuerst unmerklich, dann stärker. Und statt der Mutter seiner Kinder, die er sich gewünscht hatte, Respekt und Liebe entgegenzubringen, schaute er auf mich herab und behandelte mich wie eine Angestellte. Warum, vermag ich nicht zu sagen. Wahrscheinlich war ein Grund, dass ich zunächst nicht mehr, wie bisher, ganztags arbeitete, sondern wegen des Babies halbtags meinem Beruf nachging. Dadurch war ich ihm in seinen Augen nicht mehr ebenbürtig, arbeitete ja »nur« halbtags, wie er oft betonte. Doch zu dieser Halbtags-Tätigkeit hatte Paul mich gezwungen. Ich wäre viel lieber die ersten drei Lebensjahre meiner Kinder zu Hause geblieben. Aber er drohte schon kurz nach der Entbindung: »Wenn du zu Hause bleibst, schaffe ich dein Auto ab.«

Ich dachte an die Zeit, bevor ich ins Krankenhaus gekommen war. Es war Hochsommer. Für die vielen Einladungen, die er im Lions-Club wahrgenommen hatte, musste unbedingt eine Rückeinladung bei uns erfolgen. Paul hatte auf dem Termin bestanden, weil schönes Wetter war und die vielen Leute nur draußen unterzubringen waren. Ich hatte stechende Halsschmerzen, fühlte mich schlapp und papp, bekam kaum Luft und wusste nicht, was mit mir los war. Ich war am Ende und hätte am liebsten alles abgesagt. Diese Symptome trug ich schon eine Woche mit mir herum, seit ich hatte Parkett verlegen lassen. Das Parkett-Manöver war schlimmer als ein Umzug, denn täglich musste ein anderes Zimmer leer sein und alles ausgeräumt werden. Zusammen mit dem Parkettleger hievte ich die zuvor gepackten Bücherkartons, Betten, Regale, Schränke. Ich hatte mich körperlich übernommen. Ich schwitzte in der Hitze und überging bei der schweren Arbeit meine Halsschmerzen. Na ja, halt Halsschmerzen, dachte ich, nicht weiter wichtig. Und am Ende der Woche noch diese Einladung. Aber wie immer in solchen Situationen sagte ich mir: »Augen zu und durch!«

Der Tag des abendlichen Festes selbst: Das Essen war bestellt, das Haus geputzt. Das Wohnzimmer hatte ich zu einem riesigen Buffet umgebaut, Gläser, Teller und Besteck lagen bereit. Draußen waren genügend Tische und Stühle aufgestellt und für alles gesorgt – was man so macht, wenn man viele Gäste erwartet.

Am Nachmittag des großen Einladungs-Events war ich mit den Kindern auf dem Spielplatz, damit Paul – wie immer am Wochenende – Ruhe hatte. Dort traf ich mich immer mit Freundin Marion, die auch Kinder in dem Alter meiner Kinder hatte. Sie hatte sich beim Fahrradfahren den linken Arm gebrochen und trug einen Gips. Ihr Mann saß neben uns auf der Bank. Ein Wunder geschah: Paul tauchte auf dem Spielplatz auf, was er sonst nie tat, nahm auf der Bank, auf der wir saßen, Platz und sagte als Erstes zu mir: »Du gehst jetzt am besten nach Hause, um das Spielzeug im Garten wegzuräumen, bevor die Gäste kommen«, und zu meiner Freundin gewandt: »Sie haben ja einen Gips!«, und ohne nach dem Grund zu fragen, »Na ja, Hauptsache, die Feinmotorik stimmt!«

Betretenes Schweigen in der Runde. Was war denn das für ein Ausspruch? Der Mann meiner Freundin gestand mir später, dass er Paul spätestens nach dieser ersten Begegnung als Arschloch angesehen habe.

Ich folgte dem Befehl meines Gebieters, ging nach Hause, um die Spielsachen einzuräumen. Und ich stellte mein Tun noch nicht einmal infrage, denn schließlich hatte Paul noch nie Kinderspielzeug eingeräumt.

Irgendwie habe ich auch den Abend überstanden, obwohl ich kaum atmen konnte, weil mir beim Atmen die Rippenbogen weh taten. Als die Gäste weg waren, verschwand Paul in unserem ausgebauten Kellerraum, den er vor Jahren für sich als Schlafzimmer entdeckt hatte. Paul war durch seine Gastgeberrolle so erschöpft, dass er dringend seinen »Schönheitsschlaf« brauchte. Derweil blieb ich mit dem Chaos allein wie immer nach Feierlichkeiten bei uns. Deswegen mochte ich damals auch keinen Besuch mehr. Paul amüsierte sich stets und war – im Gegensatz zu seinem Umgang mit mir – sehr gesprächig und ich war die, die stets alles vorbereitete, nach dem Rechten sah, das Fehlende brachte, die Gäste versorgte. Also war ich quasi eine unbezahlte Kellnerin, auch für Paul. Das war ich aber auch in allen anderen Dingen, eine unbezahlte Arbeitskraft, sozusagen ein kostenloses Multitalent: Kinderfrau, Putzfrau, Haushälterin, Zimmermädchen, Kellnerin und ... natürlich auch Geliebte, wenn es Paul danach gelüstete. Zum Repräsentieren taugte ich auch ganz gut. Gerne nahm er mich deshalb zu offiziellen Veranstaltungen – vor allem bei beruflichen Anlässen – mit. Ich konnte mich benehmen und gut mit anderen unterhalten. Das tat seinem Image gut. Daher war ich bei solchen Gelegenheiten geduldet.

Aber noch einmal zurück zu dem Thema: »Gesprächig«. Dass Männer generell weniger Wörter verwenden als Frauen habe ich neulich irgendwo gelesen. Danach sprechen Männer ungefähr viertausend Wörter täglich, bei den Frauen sind 's etwa achttausend Wörter. Na gut, bei manchen Frauen ist es auch etwas mehr.

Paul hat die »Männerwortquote« noch einmal drastisch nach unten gedrückt. Ich wusste zwar nicht, wie viel er in seinem Büro sagte, aber mir gegenüber hat er in den letzten sieben Ehejahren nur zwei Sätze am Tag gesagt, nämlich: »Was gibt es zu essen?«, und: »Die Kinder müssen noch nicht ins Bett«, also exakt zwölf Wörter. Enorm! Damit tat er so, als kosteten ihn seine eigenen Wörter Geld. Und da sind wir schon beim nächsten Kapitel über ihn. »Sparsam« wäre sehr positiv ausgedrückt, »geizig« treffender – natürlich nur, was andere anbelangte, nicht bei sich selbst, getreu dem Motto: »Selbst Wein trinken und anderen Wasser predigen«. Er selbst zog es vor, seine Anziehsachen bei einem renommierten Herrenausstatter zu kaufen. Mir schlug er vor, die Kinderanziehsachen doch künftig im Second-Hand-Laden für Kinder zu erstehen. Dabei finanzierte er seit der Geburt seine Kinder nicht, sondern es war meine Aufgabe, mit meinem Halbtagsgehalt nicht nur meine und der Kinder Krankenversicherung zu bezahlen, sondern selbstverständlich auch alles das, was die Kinder brauchten, und zwar von A wie Anziehsachen bis Z wie Zubettgehlesebuch. Zusätzlich durfte ich auch deren Geburtstags- und Weihnachtsgeschenke bezahlen, später die Kinderbetreuung und den Kindergarten. Und nicht nur das: Der Unterhalt meines Autos war sowieso meine Sache. Von allen »größeren Anschaffungen« musste ich die Hälfte zahlen. Die Kosten für Renovierung oder Einbauten hatte ich allerdings wiederum alleine zu tragen.

Nein, ungerecht möchte ich jetzt nicht sein. Einmal ist Paul mit unserem Sohn in der Stadt gewesen und hat ihm ein Paar Schuhe gekauft. Mein Sohn wird damals ungefähr drei oder vier Jahre alt gewesen sein. Paul kaufte ihm ein Paar geschlossene Kinderschuhe. Das war absolut überflüssig, weil ich eine Woche zuvor ein Paar neue für ihn gekauft hatte. Das wusste er auch. Dennoch, er kaufte diese Schuhe, kam mit ihnen nach Hause, war stolz wie Oskar, dass er das auch einmal geschafft hatte. Und abends sagte er zu mir:

»Carla, ich bekomme noch fünfzig DM von dir.« Es waren noch Deutsche-Mark-Zeiten.

»Fünfzig DM?«, fragte ich.

»Ja, fünfzig DM für die Schuhe«, teilte er mir mit. Obwohl ich sonst sehr schlagfertig war, verschlug es mir die Sprache. Ich musste in diesem Moment wohl ziemlich dämlich ausgesehen haben, weil ich dasaß mit offenem Mund und ihn anstarrte und nichts, aber auch gar nichts erwiderte. Dann löste sich meine Starre, und es überkam mich die kalte Wut. Ich stürzte zu meiner Handtasche, entriss ihr mein Portemonnaie, suchte fieberhaft darin, weil ich keinen Geldschein fand in dem Gewühle von Quittungen und zerrte einen Fünfzig-DM-Schein hervor. Ich raste zurück ins Wohnzimmer, baute mich vor ihm auf und schmiss ihm den Geldschein vor die Füße. »Verrecke dran!«, brüllte ich.

Noch heute bin ich froh, dass ich so reagiert habe. Mein Stolz lässt es einfach nicht zu, dass jemand von mir etwas fordert, von dem er annimmt, dass es ihm zusteht, vor allem, wenn es sich um Geld handelt, dann zahle ich lieber, auch wenn es dafür überhaupt keinen Grund gibt ...

»Alles in Ordnung.« Die Stimme meines Professors, der mir gerade mit Erfolg den Schlauch durch den Körper geschoben und wieder herausgezogen hat, riss mich aus meinen Gedanken. Jetzt war ich wieder im Hier und Jetzt.

»Alles in Ordnung?«, fragte ich verwundert. Ich konnte es gar nicht glauben. Ich hatte solch eine Angst vor dieser Untersuchung und vor allem vor ihrem Ergebnis gehabt, dass ich gar nicht mehr wusste, wie ich die letzten Tage überstanden hatte.

»Ja, alles in Ordnung mit Ihrem Herzen bis auf die Myokarditis, die Herzmuskelentzündung, aber das wissen Sie ja schon.«

Ja, die Myokarditis. Und wie ich es wusste! Nur dreißig Prozent der Menschen, die diese Krankheit bekommen, überleben sie. Das hatte man mir freundlicherweise vor ein paar Tagen erklärt. Und nun lag ich hier und hatte die Katheteruntersuchung überstanden, aber hatte definitiv eine Myokarditis. Was würde passieren? Würde ich überleben? Ich dachte an meine recht kleinen Kinder, die ich seit zwei Wochen nicht gesehen hatte. Damals wusste ich noch nicht, dass ich sie zwei Monate nicht sehen würde. Es gab niemanden, der sie mitnahm, um mich im Krankenhaus zu besuchen. Ja, ganz richtig, Sie haben richtig gelesen. Niemand war da, der mich im Krankenhaus besuchte. Vor allem hielt sich der Vater der Kinder, Paul, mehr als bedeckt. Er tauchte nur einmal ohne die Kinder dort auf. Es war am Tag nach der Kathetheruntersuchung. Er hatte ein kleines Päckchen dabei. Dumm, wie ich war, freute ich mich über ein Geschenk von ihm, denn dies war selten. Doch dann stellte sich heraus, dass dieses Päckchen gar nicht von ihm, sondern von seiner neuen Sekretärin war. Der Inhalt: ein Fläschchen Make-up von Dior. Nun ja, es gibt ja nichts, was man im Krankenhaus dringender benötigt als Make-up! So hatte die gute Dame doch wirklich mitgedacht. Über so viel Zynismus habe ich mich auch in meinem damaligen Zustand gewundert, aber gemerkt habe ich nichts. Ich war halt ein dummes Schaf.

Dies war das einzige Mal, dass Paul mich in den Wochen und Monaten, die ich nicht zu Hause war, besuchte. Auch als ich später in eine Herz-Rehabilitationsklinik verlegt wurde, die außerhalb meines Wohnortes war, tauchte er nicht auf. So kam es, dass ich meine Kinder über mehr als zwei Monate nicht gesehen habe. Ich bin damals dazu übergegangen, ihnen täglich einen

Brief oder eine Karte zu schreiben in der Hoffnung, dass die Omis, die sich abwechselnd um die Kinder kümmerten, ihnen diese vorlesen würden. Ich fügte dann stets den Briefen oder Karten, die ich in Umschläge schob, ein paar Gummibärchen oder sonstige Kleinigkeiten, die ich auftreiben konnte, bei. Die Briefe haben meine Kinder heute noch.

Das letzte Mal gesehen vor meinem Krankenhausaufenthalt hatte ich meine Kinder, als ich von meinem Hausarzt zurückkam. Es war ein Montag, zwei Tage nach der Einladung bei uns ein paar Wochen zuvor. Der Arzt hat mich nach einem EKG sofort ins Krankenhaus eingewiesen. Ich durfte noch einmal kurz nach Hause, um meine Sachen fürs Krankenhaus zu packen. Währendessen rief ich Paul an und teilte ihm mit, dass ich sofort ins Krankenhaus musste.

»Was hast du, eine Myokarditis? Du spinnst! Ich kann dir sagen, was du hast: Du hast einen an der Waffel, aber nichts am Herzen, du hast Luxusprobleme«, sprach 's und knallte den Hörer auf.

Da stand ich nun in meinem Unglück mit meinen zwei süßen kleinen Kindern und meiner Mutter, die grundsätzlich zuerst ihr eigenes Leben leben wollte, und einem Ehemann, der mich nicht ernst nahm. Also ließ ich mir Zeit mit dem Packen und wartete, dass der Herr am Abend erschien. Inzwischen rief ich im Krankenhaus an, dass ich erst am Abend kommen könnte. So gut es ging, versuchte ich, meine Kinder auf die nun bevorstehende Situation vorzubereiten, aber sie waren mit ihren vier und sechs Jahren natürlich noch viel zu klein, um zu begreifen, was ich ihnen sagen wollte.

Als der Herr dann endlich zu Hause war, nahm ich meine Tasche und fuhr ins Krankenhaus, denn es war keine Rede davon gewesen, dass er mich vielleicht dort hinbringen wollte. Ich habe aber auch nicht darum gebeten. So schien es selbstverständlich, dass ich, die sich ja schließlich nur einbildete, krank zu sein, alleine mit meinem Auto zum Krankenhaus fuhr. Der Wagen stand dann dort, bis meine Schwiegermutter sich Wochen später erbarmte und ihn holte.

Die Zeit im Krankenhaus nach der Katheteruntersuchung war die Hölle. Nun wusste ich es also: Ich hatte eine Myokarditis. Würde ich überleben? Was würde aus meinen Kindern werden? Um diese Fragen kreisten meine Gedanken Tag und Nacht. Wäre nicht ein für mich gar nicht zuständiger Chefarzt, der ein Lions-Freund war und auch in diesem Krankenhaus arbeitete, so fürsorglich gewesen, wäre ich sicherlich verzweifelt. Dieser Arzt sorgte dafür, dass ich das größte und hellste Zimmer für mich alleine bekam, und dieser Arzt besuchte mich täglich, fragte mich, wie es mir ging, machte mir Mut und brachte mir Blumen mit – alles Dinge, die normalerweise ein Ehemann macht.

Auch heute noch, zehn Jahre nach dieser Erkrankung, weiß ich zu schätzen, was dieser Lions-Freund für mich getan hat, auch wenn ich seit dem Zeitpunkt meiner Scheidung zu keinem Lions-Mitglied mehr Kontakt habe. Ich bin seitdem wahrscheinlich so eine Art »persona non grata«, eine, die grundlos ihren guten Ehemann verlassen hat und sich ohne Grund hat scheiden lassen. Wie auch immer, ich kann damit leben, was andere über mich denken, frei nach dem Motto: »Ist der Ruf erst ruiniert, lebt es sich ganz ungeniert.«

Das Zweitschlimmste neben der Ungewissheit, ob ich überleben würde, war für mich, dass ich maximal eine Dreiviertel-Liter-Flasche Wasser täglich trinken durfte. Ich, die sonst drei Liter Wasser an einem Tag wegtrank, durfte nicht mehr viel trinken – eine echte Strafe! Und es war heißes Sommerwetter. Aber das Herz sollte entlastet werden. Darum erhielt ich auch Entwässerungsmedikamente. Und dadurch fielen mir dann pfundweise die Haare aus.

Nach vier Wochen Aufenthalt im Krankenhaus wurde ich verlegt in eine spezielle Herz-Reha-Klinik, die sich im Kreis Soest befand. Ohne die Möglichkeit, vorher nach Hause zu fahren und meine Kinder zu sehen, wurde ich mit dem Taxi direkt vom Krankenhaus dorthin gebracht. Die Klinik hatte gerade neu eröffnet und war dementsprechend wenig belegt. Der Chefarzt, ein junger Arzt, war sehr bemüht um mich und darum, dass ich gesund wurde. Ich erhielt die beste Behandlung und ein Doppelzimmer für mich alleine mit der Option, dass am Wochenende, wenn meine Familie mich besuchen würde, mein Ehemann und meine Kinder das Doppelzimmer neben mir erhalten könnten, um zu übernachten. So weit kam es aber nicht, denn Paul hielt sich weiterhin sehr bedeckt. Auch in der Klinik in Soest tauchte er nicht auf. Ich erhielt spezielle Medikamente, die mein Herz wieder kleiner machen sollten. Es war auf über zwei Drittel seiner bisherigen Größe ausgedehnt. Täglich bekam ich Ultraschall, mit dem akribisch die Größe des Herzens gemessen wurde. Zusätzlich erhielt ich, weil ich so viel Gewicht verloren hatte, Astronautenkost neben der normalen Nahrung.

Alle um mich herum waren so nett und freundlich, dass mir klar wurde, wie ernst mein Zustand tatsächlich war. In ein paar Tagen würde ich vierzig Jahre alt werden und nur mit sehr viel Glück noch älter. Ich schonte mich, so wie man es mir gesagt hatte, lief nicht schnell, lag viel und machte meine Übungen in den Physiotherapiestunden. Darüber hinaus versuchte ich, wie man es mir geraten hatte, am autogenen Training teilzunehmen. Dies ist jedoch eines der Dinge, die ich nie wirklich gelernt habe. Ich war böse auf mich, dass ich es nicht schaffte, einen Erfolg beim autogenen Training zu spüren. Ich kam in diesem Punkt einfach nicht weiter. Heute sehe ich das alles viel gelassener, man kann schließlich nicht alles können.

Natürlich hatte ich dort auch viel Zeit zum Nachdenken. Und das erste Mal in meinem Leben stellte ich wirklich meine Ehe infrage. Ich ließ die Jahre meiner Ehe vor meinem geistigen Auge Revue passieren und fragte mich, ob sich jemals etwas ändern würde oder ob ich etwas ändern müsste. Ich befand mich in unheimlichem Konflikt zwischen dem, was ich immer erzählt bekam, nämlich, dass man sich nicht trennen dürfe mit kleinen Kindern. Andererseits spürte ich genau, dass ich das Leben, das ich bisher geführt hatte, ändern musste, um wieder gesund zu werden und um danach gesund zu bleiben.

Ich erkannte, dass ich zwar meine Krankheit durch ein Virus bekommen hatte, aber dass auch mein bisheriges Leben beziehungsweise der Zustand meiner Ehe nach der Geburt meiner Kinder ein Beitrag war, der es dem Virus vielleicht erst ermöglicht hat, sich bei mir festzusetzen.

Im Grunde hatte sich ja schon mit der Geburt meines Sohnes alles geändert. Vorher waren zwei Erwachsene berufstätig und erfolgreich im Job gewesen, jeder in seinem. Ich hatte eine Wochenendehe geführt, weil Paul in Frankfurt arbeitete, während ich in Bonn die persönliche Referentin eines Vorstandvorsitzenden war. Diese Wochenendgeschichte lief ganz gut, sah man mal davon ab, dass kein Raum für Probleme war, alles totgeschwiegen wurde, um die wertvolle Wochenendzeit nicht zu gefährden.

Mit einem Schlag war mit der Geburt meines Sohnes alles anders. Ich führte zwar weiterhin eine Wochenendehe, aber ich war jetzt diejenige, die zu Hause und alleinverantwortlich für ein Baby war, das Koliken hatte und ständig nur schrie. Ich kam nicht mehr zum Schlafen, kaum zum Duschen und schon gar nicht zum Essen. Es begann eine Odyssee durch sämtliche Kinderarztpraxen und Kinderkliniken meiner Stadt. Zum Glück hatte mein Sohn nichts Ernsthaftes. Ich hatte ja auch noch keine Erfahrung mit eigenen Kindern. Er hatte, wenn man den Ärzten Glauben schenken wollte, die sogenannten Drei-Monats-Koliken, gegen die kein Kraut gewachsen war. Zwar verschrieb man mir für ihn ein spezielles Präparat in Tropfenform, doch auch die rauen Mengen, die ich in die Milchflasche tat, brachten die Koliken nicht zum Stillstand.

Ich war ein Schatten meiner selbst. Hilfe gab es nicht, meine Mutter kam nicht einmal, damit ich mich etwas hinlegen konnte. Sie kochte regelmäßig für sich und ihren Partner, und ich lebte vom Pizza-Dienst. Bei meinem Sohn hielten die sogenannten Drei-Monats-Koliken acht Monate an. In der Zwischenzeit drängelte Paul mit der Frage, wann ich denn endlich wieder arbeiten würde. Ihm war daran gelegen, dass ich so schnell wie möglich wieder damit anfing. Schließlich wurde er massiv und meinte: »Wenn du nicht bald wieder arbeitest, muss dein Auto abgeschafft werden.«

Panik brach bei mir aus bei diesen Worten. Denn wir wohnten inzwischen nicht mehr zentral, sondern außerhalb der Stadt, von dem es ohne Auto schlichtweg unmöglich war, in angemessener Zeit bei einem Kinderarzt zu sein oder für eine Familie einzukaufen. Meine Güte, was stellte der sich vor, ich hatte ein Auto, seit ich achtzehn Jahre alt war. Das Fatale an der Sache war, so meinte er, dass meine private Krankenversicherung weiterlaufen würde mit ihren Beitragssätzen, obwohl ich nicht arbeitete. Dies allein sei schon eine Belastung und mein Auto sei daher purer Luxus. Er könne es nicht mehr bezahlen. Ich wusste daher nicht mehr ein noch aus. Meine Mutter stand für mein Kind nicht zur Verfügung. Das hatte sie von vorneherein auch klar gemacht. Die goldenen Zeiten, ein Baby in einer Kindertagesstätte unterzubringen, waren damals noch lange nicht angebrochen. Damals gab es auch noch kein Elterngeld. Wenn ich wieder arbeiten sollte, was würde dann mit meinem Sohn? Ich entschloss mich, in den Zeitungen unter den Stellenrubriken zu gucken, ob sich vielleicht eine Kinderfrau oder jemand fände, der gegen Geld auf meinen Sohn aufpasste, während ich arbeitete. Dieses würde zwar einen großen Teil meines Gehaltes verschlingen, das aber war Paul gleichgültig.

Als Sonntagskind, das ich nun mal war, hatte ich sehr viel Glück und fand auf Anhieb unsere »Ersatzomi«, die zuerst auf meinen Sohn, später auch auf meine Tochter aufpasste, und die beide Kinder, weil sie nicht »Tante« sagen konnten, »Tatti« nannten. Sie war eine sehr liebe ältere Dame, die sich rührend kümmerte, obwohl sie etliche Jahre älter als meine Mutter war. Sie ermöglichte es mir, zumindest halbtags arbeiten zu gehen. Dass dies nur in übermüdetem Zustand möglich war, erübrigt sich wohl darzustellen. Wenn sie morgens so gegen zwanzig vor acht kam, war ich schon startklar für meinen Tiefflug ins Büro. Kam ich gegen viertel nach zwölf nach Hause, verschwand Tatti. Dann ging der ganz normale Wahnsinn weiter: Kinder füttern, Kinder wickeln, mit dem manchmal erfolgreichen Versuch, sie zum Mittagsschlaf zu bringen, sodass ich selbst etwas schlafen konnte. Es folgte dann das Nachmittagsprogramm mit Spielplatzbesuch und Spaziergängen. Wenn die Kinder dann abends im Bett waren, habe ich noch meine Hausarbeit erledigt und fiel dann meistens zwischen elf und zwölf Uhr nachts todmüde ins Bett, von nächtlich ausbrechenden Krankheiten der Kinder ganz zu schweigen.

Zwei Monate nach Beginn meiner Halbtagstätigkeit und nachdem unsere Kinderfrau da war, stellte ich fest, dass ich erneut schwanger war. Ich hatte wohl in dem ganzen Stress einmal vergessen, die Pille zu nehmen. War ja auch kein Wunder, denn das, was mir als Pflicht auferlegt war, war einfach zu viel. Die einzige Person, die für unseren Haushalt zuständig war, war anscheinend ich. Inzwischen hatte Paul zwar eine Anstellung in der Nähe erhalten, was hieß, dass er jeden Abend nach Hause kommen konnte, aber die Haushaltszuständigkeit verblieb allein bei mir. Er tat keinen Schlag. Kam er abends nach Hause, begrüßte er meinen Sohn, und später sah er die Post durch, dekorierte alle Esszimmerstühle mit seinen Utensilien und fragte:

»Was gibt 's zu essen?« Eine normale Begrüßung erhielt ich nicht, war ja auch nicht nötig, ich war ja nur die kostenlose Haushaltshilfe. Der zweite Satz, der abends in meine Richtung gesprochen wurde, war dann, wenn ich den Kindern sagte, dass es ins Bett gehe. Prompt kam aus seiner Richtung: »Lass sie doch noch ein bisschen.« Mein Nachwuchs hörte das natürlich, und entsprechend spät waren sie dann tatsächlich im Bett.

Ich ging zum Arzt und der machte Ultraschall. Dabei meinte er: »Da ist nichts, keine Schwangerschaft.« Ich sah auf den Monitor und entdeckte ein winziges Pünktchen.

»Ach ja, es könnte doch sein«, konzessionierte er und richtig, wie sich herausstellte. Aus diesem kleinen Fleckchen entstand meine Tochter, die ich bis zu ihrer Geburt nur »Pünktchen« nannte, das war quasi der Arbeitsname. Ein paar Monate später stellte sich ebenfalls beim Ultraschall heraus, dass das Pünktchen ein Mädchen war. Ich war überglücklich, denn ein Mädchen hatte ich mir sehnlichst gewünscht!

Bis Anfang meiner »Schonfrist«, das heißt die Zeit, in der man vor der Geburt eines Kindes nicht arbeiten darf, war ich kein einziges Mal krank. Es ging mir ja auch gut – rein körperlich – genau wie in der Schwangerschaft mit meinem Sohn. Ich spürte keinerlei Übelkeit und litt nicht unter Erbrechen.

Es war ein heißer Sommer, in dem meine Tochter geboren wurde. Diesmal war ich schlauer als bei der Geburt meines Sohnes und habe schon von vorneherein dafür gesorgt, dass sie per Kaiserschnitt zur Welt kam, denn die Geburt meines Sohnes hätten wir beide fast nicht überlebt. Als ich sie das erste Mal sah, schwoll mein Herz vor Glück. Meine Süße! So etwas von perfektem kleinem Menschen! Und sie hatte Augen, sie schien mir bis tief in die Seele zu schauen. Ein Stück Unendlichkeit lag in diesen blauen wunderschönen Augen, die auch heute noch so schön blau sind.

Die Reaktion meiner Mutter, als sie mich einen Tag nach der Geburt meiner Tochter im Krankenhaus besuchte, war bühnenreif. Sie, die sowieso nicht verstehen konnte, wie man mehrere Kinder in die Welt setzen konnte, sagte als ersten Satz beim Hereinkommen: »Ich hoffe, du hast dich gleichzeitig sterilisieren lassen«, nicht: »Wie geht es dir, wie geht es der Kleinen, wo ist sie, wo kann ich sie sehen?« Diese Reaktion hat mich doch ziemlich umgehauen, obwohl ich in dem Moment, in dem sie es sagte, sowieso schon im Bett lag.

In der Zwischenzeit kümmerte sich Tatti um unseren Sohn. Ich genoss die Zeit im Krankenhaus, einmal, weil der Kaiserschnitt sehr schmerzte, zum anderen war es doch das erst Mal seit eineinhalb Jahren, seit der Geburt meines Sohnes, dass ich ungestört schlafen konnte. Ich wusste auch, dass die Zeit nach dem Krankenhaus ziemlich anstrengend werden würde mit zwei Kleinkindern im Abstand von achtzehn Monaten.

Natürlich stellte Paul schon im Krankenhaus die alles entscheidende Frage: »Wann gehst du wieder arbeiten?« Ja, was dachte er sich denn? Mit einem Säugling, gerade geboren, und einem Kleinkind, das achtzehn Monate alt war? Doch das interessierte ihn alles nicht. Für ihn war nur wichtig, dass ich wieder arbeitete und zusätzlich zu meinen ganzen kostenlosen Dienstleistungen noch Geld mit nach Hause brachte. Also sprach ich mit unserer Kinderfrau, die dankenswerterweise bereit war, sich auch um unser Mädchen zu kümmern. Der ganz normale Wahnsinn!

Und mit Ablauf meiner sechswöchigen Schonfrist nach der Geburt saß ich schon wieder am Schreibtisch im Büro. So war ich, ich gebe es zu, oft nur rein physisch anwesend, weil die Nächte entweder zu kurz waren oder aufgrund von Kinderkrankheiten ganz ausfielen. Mittags ging dann zu Hause die zweite Schicht los mit dem üblichen täglichen Wahnsinn: noch mal schnell an die Waschmaschine springen, die Wäsche aufhängen, Gebrüll im Wohnzimmer hören, nach oben hechten, um zu sehen, ob es schon Leichen gab, wieder nach unten stürzen, fertig aufhängen usw. usw. Eine nette Hilfe, die ich einmal wöchentlich für drei Stunden hatte und die alles parallel top hinbekam, war Patricia. Sie war die Beste, denn nichts brachte sie aus der Ruhe. Die Kinder liebten sie und sagten zu ihr »Pisa«, weil sie Patricia nicht aussprechen konnten. Von ihr, die mit jeder Menge kleiner Geschwister aufgewachsen war, konnte ich eine Menge lernen. Sie geriet nie in Hektik, hatte alle Dinge unter Kontrolle, und das mit stets guter Laune und einem Lächeln im Gesicht. Bewundernswert!

Nach außen klappte anscheinend alles ganz gut. Eine Musterfamilie. Keiner konnte – und keiner sollte – hinter die Fassade blicken. In dieser Zeit stellte ich fest, dass ich neben Paul – meinem Besitzer – zwei weiteren »Chefs« ausgeliefert war. Sie waren unglaublich zauberhaft, launisch, anspruchsvoll, rücksichtslos, egoistisch, maßlos und beschäftigten mich rund um die Uhr. Meist brüllte einer von beiden ohrenbetäubend, vor allem, wenn er nicht alle paar Stunden auf meinen Arm durfte. Ganz im Ernst: Mit der Stunde ihrer Geburt haben sich meine beiden Kinder die Chef-Mütze aufgesetzt und im Grunde genommen bis heute nicht wirklich abgegeben. Natürlich sind meine Kinder das Beste und Wichtigste, was mir je passiert ist. Aber in den ersten Wochen und Monaten ihres irdischen Daseins mutierte ich von einer selbstbestimmten, fröhlichen Frau zur lieben Kindesdienerin mit 24-Stunden-Schichten und Augenschatten, die Guinness-Buch-reif gewesen wären. Meine Kinder bestimmten, wann ich schlafen, wann ich essen, einkaufen oder duschen konnte oder nichts von alledem, von Lesen oder Abschalten ganz zu schweigen. Das war mir jahrelang nicht vergönnt. Vermutlich lag es daran, dass man diese kleinen Wesen, die es in punkto Durchsetzungskraft mit jedem Tyrannen aufnehmen konnten, mit jeder Faser seines Herzens abgöttisch liebt und dass man als Mutter sowieso nicht einfach die Kündigung einreichen kann. Erschwerend kam bei mir hinzu, das ich in punkto Kinder ziemlich allein gestellt war. Gott sei Dank schliefen sie beide irgendwann auch durch, brauchten keine Windeln mehr und keine Brust. Sie lernten sogar Wörter wie »bitte« und »danke« und auch, sich – zumindest vor anderen Menschen – richtig gut zu benehmen.

Trotz aller Anstrengung erinnere ich mich immer an die ersten Wörter meiner Kinder und die ersten süßen Eigenschaften, die sie entwickelten. Wenn es regnete, stand mein Sohn – gerade mal auf seinen krummen Beinen laufen könnend – vor der Terrassentür und sagte: »Bui – bui.« Dies sollte so viel bedeuten wie: »Pfui.« Sah er von seinem Buggy aus von weitem einen Hund, dann war dieser das Objekt seiner einzigen Begierde. Er konnte nämlich Hunde schon aus zehn Kilometern Entfernung sehen und schrie dann lauthals durch die ganze Gegend: »Ah«, und dann: »Sasa, ah sasa.« Er liebte und liebt bis heute Hunde über alles. Wirklich verliebt aber war er in Busse. Sah er von weitem einen solchen nahen, schrie er schon begeistert und winkte mit den Armen: »Ah, Bus.«

Im Gegensatz zu meinem Sohn ließ sich meine Tochter ganz schön viel Zeit, um die ersten Schritte auszuprobieren. Fürs Erste erfand sie eine Fortbewegungsmöglichkeit, die sie in die Lage versetzte, sich auf ihr Ziel zuzubewegen, ohne die Beine zu benutzen. Denn sie robbte wie ein kleines Schimpansenäffchen mit dem einen Bein vor und zog das zweite Bein nach. Es sah sehr entzückend aus, wie sie erfinderisch versuchte, das Laufen zu umgehen. Erst mit einem sogenannten Laufwagen, in den wir sie hineinsetzten, fing sie endlich an, ihre Beine zu bewegen. Mit etwas Verspätung, aber immerhin, sie hat es gelernt.

Diese niedlichen Momente mit meinen Kindern, die sich in mein Gedächtnis eingruben, konnten mich jedoch nicht über den desolaten Zustand meiner Ehe hinwegtäuschen. Natürlich versuchte ich, so oft es ging, diesen Gedanken beiseite zu schieben und an etwas Positives zu denken ...

Jetzt, in der Herz-Reha-Klinik, gingen mir die Bilder meiner Ehe wieder durch den Kopf und die Sprüche, die Paul dabei brachte. Im Beisein der Kinder sagte er mir Herabwürdigungen wie folgende, auf meine Bitte, vielleicht auch einmal den Müll herauszutragen: »Ich bin nicht dein Dienstleister.«

Bat ich ihn, den Kindern noch mal zu sagen, dass sie schlafen gehen sollten, sagte er: »Ich bin nicht dein Papagei.«

Als ich mit ihm zum tausendsten Mal diskutierte, dass mich mit den kleinen Kindern die Berufstätigkeit über Gebühr belaste, war seine Meinung: »Du bist unfähig, du hast keine Nerven. Du leistest nicht mehr als andere, die nicht arbeiten gehen. Du arbeitest viel weniger als ich.«

Und wenn ihm alles zu viel wurde, was ich sagte, hatte er stets die gleiche Ausflucht: »Du willst mich dominanzieren.« Was das genau heißen sollte, war mir nie richtig klar, auch heute nicht. Und wenn ich die Kinder ins Bett rief, meinte er: »Lass sie doch, du willst sie nur loswerden. Du kennst nur den Kasernenhof-Gehorsam deiner Mutter«, und zu den Kindern gewandt: »Ihr dürft das, ihr dürft noch länger aufbleiben.« Wenn es dann ganz hart kam, meinte er feststellen zu müssen: »Leiste erst mal, was ich leiste.«

Als einer der brutalsten Äußerungen empfand ich folgende: Er wollte sich – ausnahmsweise – Zeit nehmen, um mit unserem Sohn eine kurze Radtour zu unternehmen. Ich bat ihn, bitte das Altpapier in die Tonne zu werfen, die ebenfalls in der Nähe der Fahrräder stand. Seine Reaktion: »Sind wir denn deine Diener?«

Die Folge war die spontane Aussage meines Sohnes: »Pap*a* arbeitet doch auch viel mehr als du.«

Ja, da hatte ich mein Fett weg, da war die Beeinflussung schon perfekt. Und beim Abendessen, als ich ihn bat, die Flasche Wasser bitte herüberzureichen, kam unvermittelt: »Ich will jetzt nichts mehr hören, ich nehme keine Aufträge mehr an«, natürlich vor den Kindern.

Eines wurde mir schlagartig klar: So wie bisher konnte diese Ehe nicht weitergehen. Die Kinder konnten nichts dafür. Nur, die Frage war: Was konnte ich ändern? Und damit war ich an einem wichtigen Wendepunkt angelangt, ohne es zu merken, denn ich stellte nicht die Frage: Was kann *sich* ändern?, sondern ich stellte die Frage: »Was kann *ich* ändern?« Einmal an diesem Punkt angekommen, gingen die Gedanken weiter. Ich erlaubte mir, meine Beziehung so zu sehen, wie ich sie geführt hatte. Ich erlaubte mir, erstmals zu hinterfragen. Und als hätte ich eine Schleuse in mir geöffnet, weinte ich und weinte immer weiter, konnte mit dem Weinen nicht mehr aufhören. Das ganze Elend der letzten Jahre und die ganzen Verletzungen weinte ich mir aus der Seele. Gleichzeitig spürte ich die Verzweiflung, dass es aus meiner Situation wohl kein Entrinnen gab, wenn ich nicht eine egoistische Mutter sein wollte und mich von meinem Ehepartner trennen würde. Würde ich mich aber nicht trennen, so würde die ganze Ehe-Tretmühle und all das, was mich kaputt gemacht hatte, weitergehen. Aus diesem Dilemma fand ich nicht heraus. Und ich erkannte, dass ich für meine Ehe Hilfe brauchte ...

Inzwischen wurde mein Herz sehr langsam, aber ständig wieder kleiner. Der Chefarzt, der mich behandelte, war mit den täglichen Ultraschallergebnissen sehr zufrieden. Gleichzeitig rückte der Zeitpunkt näher, an dem ich entlassen werden sollte. Mit diesem Zeitpunkt haderte ich. Einerseits war ich zwar überglücklich, bald meine Kinder wiederzusehen. Andererseits fürchtete ich mich aber vor dem dann wiedereinsetzenden Alltag, der Überforderung und der Behandlung durch Paul. Ich war ja in den letzten Monaten wie auf einer einsamen Insel gewesen, jenseits der Realität, die mich zu Hause erwarten würde. Ich fühlte mich auch körperlich noch gar nicht fit genug, um diese schwere Aufgabe wieder zu meistern.

In der Zwischenzeit, vor ein paar Tagen, war ich vierzig geworden. Mit Fleurop kamen eine ganze Reihe von Blumensträußen in der Klinik an. Persönlich zu Besuch kam niemand, auch Paul nicht.

Mich fragte der Chefarzt jeden Montag: »Und, war Ihre Familie am Wochenende da?«

Es tat mir sehr weh. Ich ließ mir nichts anmerken, sondern sagte so leichthin wie möglich, dass mein Mann beruflich sehr beschäftigt sei. Es war mir peinlich. Und all die Verletzungen und Verbalattacken, die Paul mir seit der Geburt unserer Kinder zugefügt hatte, liefen nochmals vor meinem geistigen Auge ab.

Ich las kurz vor der Entlassung den Brief, den Paul mir zum vierzigsten Geburtstag – statt eigener Anwesenheit – in die Klinik gesandt hatte. Er lautete sinngemäß:

»Wenn Du schon nicht in Bonn sein kannst, sollst Du auf diesem Wege von uns einen sehr lieben und herzlichen Geburtstagsgruß erhalten. Wir alle wünschen Dir mit dem Eintritt in die Fourties:
- *dass Du davon gar nichts merkst, sondern schnell feststellst, wie egal es ist, neununddreißig oder vierzig zu sein,*
- *dass Du – in corpora et physis et mense – wieder ganz fit wirst,*
- *dass Du die dafür nötige Geduld gewinnst,*
- *dass Du Lebensmut, Lebenslust und Zuversicht zum obersten Ziel machst,*
- *und – nicht zuletzt – dass Du weißt, wie sehr wir uns Dich froh, munter und gelassen in spätestens drei Wochen zu Hause wünschen.«*

Als ich diesen Brief gelesen hatte, war mir hundeelend zumute. Diesen Brief hätte noch nicht mal ein guter Freund abgeschickt. Und die Unterstellung, dass ich im Grunde – wie er damals, kurz vor meiner Einlieferung ins Krankenhaus – sagte: »einen an der Klatsche hätte«, wiederholte sich hier. Allein schon das Wort »mense« sprach Bände. Ich muss wohl nicht beschreiben, wie unendlich mich dieser Brief runtergezogen hat.

In dieser Zeit betete ich viel, wie man das ja meistens so macht, wenn es einem nicht gut geht. Ich ließ therapiemäßig wie alle anderen Patienten Luftballons in die Luft gehen mit der stillen Bitte an Gott, mich wieder gesund zu machen. Morgens lagen auf dem Frühstücksteller kleine gedruckte Sprüche, die jedem Patienten für den Tag Mut machen sollten – und es manchmal auch taten.

All das wird wohl dazu beigetragen haben, dass ich heute noch lebe und gesund geworden bin. Es fehlen mir die Worte, um auszudrücken, wie dankbar ich dafür bin, dass ich überlebt habe. Da mir nun das Leben wiedergeschenkt worden war, beschloss ich, es zu ändern.

2. Kapitel
Nach dem Überleben

Gleich nach meiner Ankunft zu Hause fing ich damit an, ich war Paul gegenüber aufmüpfiger und ließ mir nicht mehr alles gefallen. Das kannte er ja nun gar nicht. Bislang war ich ja immer unter dem Teppich gelaufen, war pflegeleicht, unsichtbar und scheinbar bedürfnislos. Das änderte sich nun. Ich sagte, wenn mir etwas nicht passte, zum Beispiel nahm ich es nicht mehr als gottgegeben hin, wenn er abends nach dem Hereinkommen auf jeden freien Esszimmerstuhl Jackett, Krawatte, Aktentasche etc. dekorierte, und zwar fein säuberlich pro Stuhl ein Teil, fast schon nach dem Motto: »Hier muss sich doch ein Saustall draus machen lassen.« Na ja, diesen Vorsatz unterstellte ich ihm zwar nicht, aber etwas achtsamer hätte er schon mit meiner Arbeitskraft umgehen können wie auch mit allen anderen Dingen, die meine Seele belasteten. Vor allem mit mir, seiner Ehefrau, hätte er besser umgehen können. Besser heißt: liebevoller und respektvoller. Sogar Besucher merkten, wie Paul mich behandelte. Es war mir stets sehr peinlich, wenn sie sich mir gegenüber dazu äußerten, ihm wohl eher nicht, denn er änderte sein Verhalten nicht. Im Gegenteil, sein Ton mir gegenüber wurde immer rüder. Zärtlichkeiten gab es nicht, hin und wieder Sex, das war 's und das ohne einen einzigen Kuss. Die Krönung war, als er mich in sein Schlafgemach schickte, das er sich auserkoren hatte, damit ich sein Bettzeug auswechselte. Er wusste, was er in diesem Moment tat. Er wollte mich demütigen, und das war ihm auch gelungen. Denn als ich sein Bettzeug aufschlug, war sein Laken total besudelt. Mit etwas Phantasie werden Sie wissen, was ich meine. Zur Rede gestellt, meinte er:

»Das ist nur im Traum passiert«, und: »Du bist für die Wäsche zuständig.«

Ich war für die Wäsche zuständig? In welchem Patriarchat lebten wir denn? Und im Traum passiert? Ha, ha! Als wenn eine erwachsene Frau dieses Ammenmärchen glauben würde! Wie jeder halbwegs aufgeklärte Mensch weiß, passiert so etwas – wenn überhaupt – nur bei ganz jungen Herren im Schlaf, sonst nicht, ohne dass nachgeholfen wird.

Ich fing an zu grübeln, warum er mir das antat, mich auch noch mit den Produkten seiner Phantasien zu konfrontieren. Doch ich merkte immer noch nicht, dass hinter all seinem Tun System steckte, dass alles darauf ausgerichtet schien, mich kaputt zu machen. Ich war wirklich ein blödes, naives Schaf. Ich glaubte noch an das Gute im Menschen, glaubte auch an das Gute in Paul.

In der Zwischenzeit wurde – wenn das überhaupt noch möglich war – die Atmosphäre immer kälter, die Luft rauer. Ich war traurig, auch wegen meiner Kinder, die in diesen Spannungen leben mussten. Kinder sind ja bekanntlich wie Seismographen und erspüren die Stimmung ihrer Umgebung.

Ich versuchte zu retten, was noch zu retten schien, schrieb Paul Bettelbriefe, in denen ich ihn bat, mich besser zu behandeln, sich mehr Zeit für seine Familie zu nehmen, etc. etc. Heute weiß ich, dass das, was ich tat, nichts anderes war, als um seine Liebe zu buhlen. Eine Liebe, die – wenn es sie jemals gegeben hatte – schon längst gestorben war. Es war ein aussichtsloses Unterfangen. Und je weniger Erfolg ich hatte, desto mehr bettelte ich, nicht wissend, dass das ein Teufelskreis war. Damals wusste ich noch nicht, dass man niemanden mit Flehen zurückhalten kann und schon gar keine Emotionen damit entfachen kann. Hier ein paar Beispiele:

Lieber Paul,
nach langer Zeit schreibe ich Dir ein paar Zeilen; früher haben wir uns zu verschiedenen Anlässen geschrieben wie Geburtstag, Weihnachten, Ostern etc. Dieses ist zuletzt vor drei Jahren geschehen. Nun, da Du wieder einmal kommentarlos ins Bett gegangen bist nach einer Diskussion, die ich nicht begonnen habe, möchte ich Dir zumindest brieflich meine Gedanken zum gestrigen Abend-Thema etwas erläutern.

Unsere beiden Kinder – zum Glück wohlgeraten und gesund – (was sich sehr schnell ändern kann, was der liebe Gott verhüten möge), haben in der Zeit ihres Daseins ihre Mama und ihren Papa kaum unbeschwert erlebt, vor allen Dingen nicht zusammen. Die Unternehmungen beider Kinder mit beiden Elternteilen (ohne Dritte) kann man für beide an einer oder zwei Händen abzählen. Das heißt, so etwas wie ein gemeinsames Leben oder Familienleben findet so gut wie nicht statt. Es muss nichts Teures, nichts Aufwendiges sein, aber wenn man mal sonntags mit beiden Kindern bei schönem Wetter zu viert etwas Gemeinsames unternehmen würde, dann wäre das Labsal auch für ihre Seelen.

Du scheust keinen Aufwand und keine Mühe, für unseren Sohn selbst in Krefeld eine homöopathische Ärztin aufzutreiben. Dabei liegt ein Teil für alle Krankheiten offensichtlich da: das mangelnde Familienleben zu viert, die mangelnde Harmonie und das ständige Streiten der Eltern (vor den Kindern).

Selbst die ausgeprägten Trotzphasen unseres Sohnes rühren m. E. daher, dass er keine Orientierung hat. Erst müssen wir uns einig sein, dann hat gerade auch unser Sohn eine wirkliche Orientierung.

Kinder brauchen auch Harmonie der Eltern; ständiges Uneinssein der Eltern macht sie unausgeglichen, ängstlich und orientierungslos, wenn nicht auf die Dauer Schlimmeres. Wir können ihnen – auf die Zukunft gesehen – teure Förderungen bezahlen und bieten, was wir wollen, es wird ins Leere gehen, so lange wir ihnen nicht das »Wir-Gefühl« unserer Familie vermitteln. Das heißt einerseits Einigkeit, die sie spüren in der Erziehung und andererseits viele Gelegenheiten, bei denen beide Kinder Mama und Papa zusammen haben.

Dies setzt natürlich voraus, dass wir beide irgendwie auch einen Weg zueinander finden. Viel verbleibt uns nicht mehr. Lass uns bitte anfangen, für uns alle. Denn harmonische Eltern haben auch im Allgemeinen physisch wie psychisch stabile Kinder.

Ich möchte meinen Teil in jeder Form dazu beitragen. Die Lösung kann nicht heißen: Jeder flüchtet (mit den Kindern), so gut er kann. Ich brauche Dich und Deine Einsicht dazu und bitte

Dich inständig, darüber nachzudenken. Zu diesem Thema könnte ich noch viel sagen, aber ich will Dich nicht überfrachten. Eine Umkehr kann für uns alle – auch für Dich und für mich – und für die Kinder mit uns eine Chance sein. Bitte mache sie nicht zunichte, lass uns gemeinsam endlich uns und den Kindern etwas aufbauen, das wir alle brauchen – ich denke, Dinge, die auch Du vermisst: ein gemeinsames Familienleben und Einigkeit.

Bitte!

Ich habe Dich immer noch lieb und noch Hoffnungen –

von der Mutter Deiner Kinder.

Damals dachte ich, was vermutlich heute noch viele Frauen denken, dass ich schon geliebt würde, wenn ich mich genügend anstrengen würde, um ihm jeden Wunsch von den Augen abzulesen. Ich war echt eine selten dumme Kuh.

Erst heute ist mir klar, dass »Hinterherlaufen« nicht zielführend, und dass Harmonie nicht erzwingbar ist. Wenn nur einer etwas tut, ist es eben zu wenig. Für eine funktionierende Partnerschaft sind beide verantwortlich. Partnerschaft bedeutet auch ständige Arbeit von beiden Seiten. Das weiß ich heute, damals wusste ich es noch nicht.

In der Zwischenzeit habe ich viele schlaue Bücher über Beziehungen und Kindererziehung gelesen. Ich habe Stellen angestrichen und sie ihm hingelegt, damit er sie lesen konnte. Doch er hat nichts dergleichen getan. In meiner Verzweiflung schlug ich schließlich eine Ehetherapie vor. Zunächst verweigerte Paul den »Psychokrempel«, wie er es nannte, ging dann aber doch zu den Terminen mit. Hier, wie in allen folgenden Sitzungen, spielte sich stets das Gleiche ab: Im übertragenen Sinne zog er sein weißes Westchen an, er war der Herr Saubermann, der kein Wässerchen trüben konnte, zeigte Einsicht – und stellte tatsächlich dabei die Ohren auf Durchzug.

Kaum zu Hause wieder angekommen, ging es weiter wie bisher, als ob es die Sitzungen nicht gegeben hätte. Das weiße Westchen war verschwunden. Schön verpackt, damit kein Fleckchen es verunzierte, bis zum nächsten Eheberatungstermin oder zur nächsten Lions-Einladung. Ich schrieb ihm weiter Briefe.

Der folgende entstand in der Kur, in der ich mich mit den Kindern befand.

Lieber Paul,
nachdem wir uns hier gut erholen und die Zeit fast vorbei ist, möchte ich Dir diese Zeilen zukommen lassen. Sicherlich kannst Du Dir vorstellen, dass ich hier viel Zeit hatte, nachzudenken. Ich wünschte mir, dass die drei Wochen, die vergangen sind, inzwischen auch so viel dazu beigetragen haben, dass wir beide noch nach unserer Rückkehr einen freundlichen und liebevollen Modus finden. Denn ich möchte, dass wir uns alle – auch Du und ich – wohlfühlen. Das Gleiche gilt natürlich auch für die Kinder, die jede »geladene« Atmosphäre spüren. Wie wichtig es gerade für die Kinder ist, Eltern zu haben, die miteinander liebevoll umgehen und in der Erziehung an einem Strang ziehen (d. h. etwaige Uneinigkeiten nicht zu zeigen vor den Kindern), habe ich gerade in verschiedenen Büchern gelesen; das Beste davon, das »Geheimnis glücklicher Kinder« solltest Du vielleicht auch einmal lesen, es lohnt sich!

Als Zweites und Letztes möchte ich gerne, dass wir wieder Verständnis, Vertrauen, gegenseitige Achtung und Respekt verspüren. Das setzt natürlich u. a. auch das tiefere Verständnis des anderen Naturells voraus. Auch hierzu habe ich ein sehr gutes Buch gelesen, das sowohl die weibliche als auch die männliche Seite und deren Unterschiede im Denken und Fühlen aufzeigt. Darin ist u. a. beschrieben, dass Männer ganz viel Bestätigung brauchen und Frauen vielfach das Gefühl des Geliebt-Werdens, aber auch einen aktiven Zuhörer. Es würde jetzt sicher zu weit führen, das alles zu berichten, was an guten Erkenntnissen in dem Buch enthalten ist, deshalb leihe ich es Dir gerne, wenn ich wieder da bin. Es heißt: »Männer sind anders – Frauen auch«, und es ist keine einseitig-

feministische Literatur, sondern beleuchtet gleichermaßen beide Seiten.

Kinder brauchen Stabilität und Harmonie, um gut heranzuwachsen und um gute Menschen zu werden. Diese Voraussetzung sollten wir ihnen geben, aber auch unseretwillen sollten wir versuchen, mit gemeinsamer Kraft aus der Talsohle zu gelangen. So wie es seit langer Zeit ist, bin ich nicht glücklich und Du sicherlich auch nicht. Dabei meine ich ausdrücklich nicht das Glück im Wolkenkuckucksheim, sondern ein beständiges, verständnisvolles und liebevolles Miteinander. Es sind nicht die großen Dinge und Gesten, um das zu erreichen, es sind die kleinen: mal ein nettes Wort, echte Anteilnahme, Zeit zum Zuhören.

Vielleicht sollten wir auch den Tipp befolgen, uns jeden Abend zehn Minuten zu gönnen ohne Kinder, sobald Du nach Hause kommst, um uns etwas über den Tag zu berichten. (Aus psychologischer Sicht ist es dabei wichtig, dies unmittelbar nach Deiner Rückkehr zu tun und die Kinder erst mal nicht dabei zu haben.) Werde Dir das Buch geben und die Seite markieren.

Der gleiche Autor schreibt, es geht nur um drei Pflichten der Eltern, aber genau in dieser Reihenfolge: 1. Für sich selbst zu sorgen, 2. Für die Partnerschaft zu sorgen, 3. Für die Kinder zu sorgen. Hintergrund ist, dass man in vielen Fällen für sich selbst sorgen muss, um den Partner nicht dazu zu beanspruchen, und nur eine gute Partnerschaft, die Kraft und Liebe erzeugt, für die Kinder gut sorgen kann. (Ist die Atmosphäre erst vergiftet, so ist es für die Kinder besser, wenn sich die Eltern trennen).

Ich weiß, dass Du beruflich sehr angespannt bist und abends oft müde. Aber vielleicht können wir – unter Beachtung allem Vorstehenden – doch noch einen gemeinsamen Weg finden, der nicht nur für unsere Kinder, sondern auch für jeden von uns beiden von Glück ist. Meinen Teil werde ich und habe ich auch immer gerne beigetragen. Alles Liebe.

Und ein weiterer Brief, verfasst auf dem Spielplatz in unserer Nähe:

Lieber Paul,
die Geschehnisse vor ein paar Tagen finde ich sehr schlimm, auch und gerade wegen der Kinder. Sicherlich habe auch ich falsch reagiert, aber Deine Reaktion war wohl auch nicht ganz richtig. Ich wünschte mir, in Zukunft Derartiges zu vermeiden und Du sicher auch. Denn nach wie vor stehe ich zu dem, was ich in meinem Brief aus der Kur vor einiger Zeit geschrieben habe, aber manchmal ist es sehr schwer. Ich empfand Deine Reaktion auf meine Bitte als »Rückfall« bzw. als ein Zeichen dafür, dass sich im Grunde nichts ändert, daher auch meine zu vehemente Reaktion. Siehst Du, es bedarf nicht großer Geschenke, um den anderen glücklich zu machen. Viel wichtiger ist ein liebes Wort, kurz einen Arm um die Schulter, eine kleine Geste. Und an solchen Dingen fehlt es mir sehr. Ich denke, so lange wir – das heißt Du und auch ich – nicht aufhören, uns gegenseitig Vorwürfe wegen Dingen und Worten in der Vergangenheit zu machen (einschließlich des wechselseitigen Hackens auf Familienmitglieder), haben wir keine realistische Chance. Vielleicht sollten wir einmal eine Weile versuchen, das sein zu lassen, auch in brenzligen Situationen. Ich weiß – und habe es heute in einem neuen Buch über Kinder wiederholt gelesen –, dass Väter sehr wichtig sind für ihre Kinder, und sie sollten möglichst viel Zeit mit ihnen verbringen. Aber das tust Du nicht, und seit einiger Zeit frage ich mich, ob dies – wenn Du es tätest – die vielen Streitigkeiten, die die Kinder mitbekommen, aufwiegen könnte bzw. höher zu bewerten wäre, selbst wenn Du Dir mehr Zeit für sie nehmen würdest.

Das Einzige, was ich mir am meisten wünsche, ist, dass unsere Kinder glücklich sind und so das Rüstzeug erlangen, zu liebenswerten, guten und erfolgreichen Erwachsenen zu werden. Ich glaube, das ist auch Dein Wunsch. Dazu gehört aber auch eine gewisse Vorbildfunktion im täglichen Miteinander der Eltern. Denn das, was die Kinder sehen, wie sich die Eltern behandeln, wird später mal ihr Leitfaden in eigenen Beziehungen werden (deshalb war ich so böse über Deinen Ausspruch. Darüber hinaus möchte ich unseren Sohn nicht als Chauvi erzogen sehen).

Auch ich mache Fehler, die schlimm sind, und ich versuche

sie zu vermeiden. Immer gelingt es nicht, aber ich hoffe, es wird immer besser.

Was ich mir am Zweitmeisten wünsche, habe ich Dir schon öfter geschrieben. Neben der Einigkeit in der Kindererziehung möchte ich, dass wir wieder ein vertrautes, offenes und liebevolles Miteinander haben. Vielleicht besteht ja die Möglichkeit, alles Negative der Vergangenheit nicht immer wieder aufzuwärmen und den Start für ein neues »Wir« wieder aufzunehmen.

P.S. Um die Geldproblematik zu entschärfen, überweise ich Dir den Betrag für meine beiden Autoreparaturen. Die Anziehsachen, die Du mir mitgebracht hast, werde ich natürlich auch bezahlen.

Wenn Du magst, komme auf mich zu, dass wir uns über diesen Brief und den vorhergehenden unterhalten. Ich bin offen dafür.

Zu der Bemerkung: »Wenn Du magst, komme auf mich zu, dass wir über diesen und den letzten Brief reden können«, schrieb er an den Rand dieses Briefes:

»O. K., werde ich tun (aber erst, wenn ich reden kann).« Dieses konnte er anscheinend nie, denn zu einem Gespräch kam es nicht.

Inzwischen ging die Ehetherapie weiter – ohne Erfolg. Als dann bei einem der späteren Gespräche die Therapeutin einen Brief von Paul mitbrachte, den er ihr geschrieben hatte, brach für mich eine Welt zusammen.

Paul hatte der zur Neutralität verpflichteten Dame einen Brief geschrieben, hinter meinem Rücken und gewiss in der Hoffnung, sie auf seine Seite zu ziehen. Mir wurde klar, ihm ging es in dieser Therapie gar nicht um die Verbesserung und den Erhalt unserer Beziehung, sondern wie stets darum, selbst möglichst glanzvoll dazustehen und mich vor anderen schlecht zu machen. Ach ja, dachte ich, da ist er wieder, der gute, alte Machtgedanke! Und auf meine Briefe hat er nie geantwortet, sich nicht einmal die Mühe gemacht. Schon bitter, aber es kam noch schlimmer.

Die Therapeutin las den Brief vor. Darin beschrieb Paul minutiös Folgendes:

Ich hörte zu meinem Erstaunen, dass dieser vielbeschäftigte »Top-Manager«, der nach eigenen Aussagen gehaltsmäßig zu den obersten zehn Prozent der Bundesrepublik gehörte, tatsächlich die Zeit gefunden hatte, um in Archiven zu forschen. Und was hatte er gesucht? Die Vergangenheit meiner Familie, und er ist fündig geworden. Er entdeckte, dass mein Vater ein paar Jahre jünger war als meine Mutter. Welche Erkenntnis! Und mir warf er nun vor, ich hätte ihn betrogen, weil ich ihm das nicht vor der Ehe gesagt hätte. Das wäre meine Pflicht gewesen, meinte er. Jetzt war er aber echt total durchgeknallt! Was konnte ich für meine Eltern? Hatte ich sie mir ausgesucht? Hatte ich mir gewünscht, dass meine Mutter, als ich ein Jahr alt war, sich von meinem Vater scheiden ließ? Hatte ich nicht, im Gegenteil. Ich wäre stets froh gewesen, eine sogenannte intakte Familie, vor allem einen Vater zu haben, hatte ich aber nicht, und deshalb war ich in seinen Augen mit einem Makel behaftet. Diesen Makel hätte ich vor der Ehe aufdecken müssen, dann hätte er mich nicht geheiratet. Ach ja, ich vergaß, man heiratet ja nicht aus Liebe, sondern nur, wenn der Stammbaum astrein ist. Tja, dumm gelaufen, heute könnte er ja noch vorsorglich einen Gentest einfordern, um sicher zu sein, dass seine Nachkommen auch tatsächlich nicht nur von ihm die allerbesten Gene an Erbmasse bekommen, sondern auch von der Zukünftigen.

Und was hatte diese Geschichte per Brief bei der Therapeutin zu suchen? Was hatte das ganze Thema mit meiner Ehe zu tun? Wollte er jetzt einen Nebenkriegsschauplatz eröffnen, um von sich abzulenken?

Die Situation mit der Therapeutin war so grotesk, dass sie eigentlich nur lustig war. Aber damals fand ich das Ganze gar nicht witzig. Ich saß da, traute meinen Ohren nicht, was ich aus dem vorgelesenen Brief erfuhr, und konnte nicht glauben, dass mein eigener Ehemann mich stasimäßig durchschnüffelt und ausspioniert hatte. Ich war entsetzt. Abgründe taten sich vor meinem geistigen Auge auf. Zu was war er sonst noch fähig? Würde ich je wieder Vertrauen fassen können? Und plötzlich kam die Gewissheit. Wie ein Gedankenblitz durchfuhr mich die Erkenntnis in diesem Therapeutenzimmer: Es war vorbei. Das war das Ende meiner Ehe. Keine Fanfaren, die Erde blieb nicht stehen, ganz unspektakulär wusste ich, es gab kein Zurück. Nichts würde nach diesem Brief wieder so sein, wie es gewesen war, niemals mehr. Seltsamerweise blieb ich ganz ruhig, ich schrie nicht, ich weinte nicht. Ich war innerlich taub, ich fühlte nichts. Ich hatte das Gefühl, im Vakuum zu schweben; das Zimmer, die Personen waren, als wenn sie nichts mit mir zu tun hätten. Wie in Trance tat ich dann das wahrscheinlich einzig Richtige und sagte:

»Vielen Dank für Ihre Beratung. Dies war unsere letzte Sitzung. Ich werde mich scheiden lassen.« Mit diesen Worten stand ich auf und ging. Und was dann noch gesagt wurde, war mir egal. Mein Entschluss stand fest, kleine Kinder hin, kleine Kinder her.

Zu Hause dann wiederholte ich: »Ich werde mich scheiden lassen!«

Paul hatte dazu nur zwei Kommentare: »Du blöde Rechtspaula wirst dich nie trauen, mich zu verlassen«, und nach einer Pause, »rein finanziell wäre es Wahnsinn, sich scheiden zu lassen.« Ach so, jetzt wusste ich es endlich: Er, Paul, nannte mich nun Paula, genauer »Rechtspaula«, was ja ein ganz neuer Begriff war. So viel Kreativität hätte ich ihm gar nicht zugetraut. Und das liebe Geld! Na, wenn das kein durchschlagendes Argument war! Er brachte damit – intuitiv einfühlsam, wie er nun mal war – genau die Argumente, die frau in diesem Moment hören wollte. Ist doch klasse, wenn einer immer die richtigen Worte findet.

Ich zuckte mit den Schultern und sagte schnippisch, während ich in die Küche ging: »Du wirst schon sehen.« Plötzlich kam er hinter mir her, kam immer näher, sein Gesicht hassverzerrt. Ich ging rückwärts und stieß an die Ecke der Arbeitsplatte zur Fensterbank. Ich konnte nicht mehr weiter. Er stand unmittelbar vor mir mit hochrotem Gesicht. Sein Gesicht kam meinem immer näher und er zischte:

»Ich sorge dafür, dass du dich nicht scheiden lässt!« Er hob den Arm. Ich konnte aus meiner Ecke nicht mehr heraus. Er drückte mich mit seinem Körper gegen die Arbeitsplatte, den Arm hocherhoben. Ich bekam keine Luft mehr. Aber ich schaute ihm starr in die Augen, in diese von blinder Wut verstellten Augen. Ich wusste, er würde mich jetzt am liebsten umbringen. Aber seltsamerweise empfand ich keine Angst, nur Panik, zu wenig Luft zu bekommen. Es schoss mir durch den Kopf: Wenn du jetzt zuschlägst, werde ich dafür sorgen, dass das der letzte Schlag deines Lebens ist! Ich sprach es nicht aus, er muss aber an meinem Blick etwas gemerkt haben. Er nahm nach einer weiteren Schrecksekunde seinen Arm herunter, fluchte:

»Du blöde Rechtspaula, du Scheißziege!«, und verschwand aus der Küche. Mein Herz raste und ich bekam Angst, dass dies jederzeit wieder geschehen könnte. Und es geschah noch ein paar Mal, auch im Beisein der Kinder, die dann panikartig anfingen zu schreien. Aber ich blieb hart, ich wollte mich scheiden lassen.

3. Kapitel

Rosenkrieg oder: Zu zweit allein

Nach dem Abend meiner abrupten Beendigung der Paartherapie und der Szene in der Küche ging es richtig los. Paul spürte wohl, dass es mir ernst war. Und er wollte sein Heer kostenloser Haushaltshilfen, vereinigt in einer Person, nämlich in meiner, nicht verlieren – nicht mehr und nicht weniger. War ja auch verständlich. Nimmt man einem kleinen Jungen das Förmchen im Sandkasten weg, fängt er auch an zu heulen. Nun gut, das »Heulen« von ihm ließ sich nicht mit dem eines kleinen Jungen vergleichen. Er wurde, wenn sein bisheriges Verhalten noch zu toppen war, noch boshafter.

Wo er ging und stand, stichelte er an meiner Person, meinem Verhalten, meinem Aussehen und meinen Gefühlen herum. Er war die personifizierte Bösartigkeit. Wenn ich nicht damit rechnete, fand ich dort, wo ich mich gerade aufhielt, kleine Zettel, auf denen ebenfalls Gemeinheiten vermerkt waren. Nach einem Streit fand ich in der Küche den Zettel vor mit dem Wortlaut: »Ich hoffe, dass ein paar von diesen Verletzungen so richtig reingegangen sind, so fies bin ich geworden.« Es ging weiter in dem Tenor: »Ich wünschte, dass dir etwas passiert.« Und immer wieder das gleiche Argument: »Ich arbeite viel mehr als du.« Wenn ich ihm vorwarf, dass er auswich, war seine Antwort: »Ausweichen ist eine Bemühung.« Und als er sich darüber aufregte, dass ich Lippenstift benutzte, meinte er zum Schluss: »Du bist eine ordinäre Klunz!« Es steigerte sich: »Wenn die Kinder nicht wären, wäre ich glücklich, nie wieder etwas mit dir zu tun zu haben!« Und noch weiter: »Ihr seid alles Arschlöcher«, er meinte die Kinder und mich. Und später: »Du musst dich ändern, du musst dich mir anpassen.« Und so schöne Bezeichnungen wie: »Scheißziege«. Weiter im gleichen Tenor: »Ihr könnt mich alle am Arsch lecken.« Während er mich erwischte, wie ich diesen Satz aufschrieb, die Aussage: »Du kannst aufschreiben was du willst, es juckt mich nicht.« Und dann fing er an zu generalisieren: »Die meisten

Frauen heutzutage sind Arschlöcher!« Wann immer ich ihn um etwas bat, um eine kleine Hilfe, bekam ich die Antwort: »Ich bin nicht dein Kommandohengst.« Das, was mich aber am meisten in meinem Selbstbewusstsein gekränkt hat, war die stete Aussage: »Du leistest nicht mehr als andere, die nicht arbeiten gehen«, und: »Dir geht es genauso gut wie denen, die nicht arbeiten.«

Inzwischen war das erste Anwaltsschreiben bei Paul, das heißt bei uns zu Hause eingetroffen. Nun merkte er, dass es mir bierernst war, dass die blöde »Rechtspaula«, doch Mumm in den Knochen hatte. Natürlich fühlte er sich total ungerecht behandelt, denn er sah natürlich nicht ein, dass er sich so verhalten haben sollte, wie er sich verhalten hatte. Er war zutiefst in seinem Selbstbewusstsein gekränkt, wie ich dumme »Rechtspaula« es wagen konnte, ihn, den größten Maestro aller Zeiten, verlassen zu wollen. Sein Standard-Argument wurde: »Was willst du? Ich saufe nicht, ich schlage dich nicht und gehe nicht zu anderen Frauen!« Tja, wenn man es so betrachtete ... was glaubte er denn? Sollte ich für diese drei genannten Minimum-Eigenschaften, was er alles *nicht* tat, dankbar sein? Sollte ich daher bis ans Ende meiner Tage jeden Abend nach Job und Kindern mir anhören: »Wie siehst du denn aus? Tu mal was an deinen Falten!« Falten? Damals hatte ich – tatsächlich – (noch) keine. Was wollte er? Vor ein paar Jahren hatte er mich zum Hautarzt geschickt, ich sollte mein Gesicht unterspritzen lassen. Ich ging zum Arzt, lammfromm.

Der Arzt zeigte sich erstaunt und fragte: »Wieso wollen Sie das?« Ich sagte ihm, es sei der Wunsch meines Mannes. Der Arzt war sprachlos und weigerte sich. So ging ich ohne Unterspritzung nach Hause. Zudem: Ich war stets sehr gepflegt und ließ mich auch zu Hause, was mein Äußeres betraf, nicht gehen. Was wollte Paul, mich fertigmachen?

Aber es wurde noch schlimmer. Paul, wörtlich: »Ich kann dich nicht mehr anhören, ansehen oder riechen!« Vor allem den Kindern gegenüber war er verbal nur noch brutal und sagte ihnen jeden Abend ohne nähere Begründung: »Die Mama will den Papa rauswerfen!« Was muss das für Ängste in ihnen ausgelöst haben! Sie waren gerade mal acht und sieben Jahre alt. Natürlich, ich war inzwischen auch in der letzten Zeit kein Kind von Traurigkeit, das heißt, ich war sicherlich auch nicht immer zimperlich mit Paul.

Kurz nachdem der erste Anwaltsbrief da war, erhielt ich – nachdem ich Paul so viele Briefe geschrieben hatte – auch mal einen Brief von ihm. Wahrscheinlich war das Anwaltsschreiben der Auslöser.

Er schrieb:

Wie Du von mir schon mehrere Male gehört hast, bin ich natürlich zu einem sachlichen Gespräch bereit. Allerdings muss ich davon ausgehen können, dass sein Ergebnis für Dich nicht Ziel ist oder bereits im Vorhinein feststeht. Ein Annäherungsprozess setzt sicherlich Verhaltens- und Kommunikationsänderungen vielerlei Art voraus, die ich nicht, wie gefordert, allein und ganz überwiegend zu erledigen habe. Somit kann, realistisch betrachtet, eine Verbesserung der Lage nur durch anhaltendes Tun von uns beiden Schritt für Schritt erfolgen.

Der mir anwaltlich zugestellte Schriftsatz einschließlich Fristen zur Erzwingung meines Auszugs von zu Hause und damit die Trennung von der Familie, das heißt auch von den Kindern, stellt leider ein weiteres psychologisches Erschwernis dar. Dieses habe ich so nicht für möglich gehalten und kann es auch nicht akzeptieren. Innerlich bin ich seit langem aus Selbstschutz sehr zurückgezogen. Abgesehen davon beteuere und bestätige ich nochmals die aus meiner Sicht bestehende Notwendigkeit, eine Familie mit recht kleinen Kindern nicht gewaltsam zu trennen. Das Wohl der Kinder – d. h. auch das Aufwachsen mit beiden Elternteilen – muss doch Priorität haben. Von den Eltern fordert dies mäßigendes Verhalten, worum ich mich seit langem bemühe. Als Gesprächsort schlage ich ... vor. Ein Freitag oder Samstag gegen 18.00 Uhr (Babysitter!) wäre sicher ein geeigneter Termin.

Ich war wie betäubt: Dieser arrogante Schreibstil! Und er setzte tatsächlich »das Wohl der Kinder« ein, die am meisten unter der Situation litten. Unglaublich! Gerade er sprach von »mäßigendem Verhalten«? Diese Verblendung schlug dem Fass den Boden aus. Und die Trennung von der Familie stellt »ein weiteres psychologisches Erschwernis dar«? Drückte sich so jemand aus, der kurz davor steht, seine Familie zu verlieren? Ungeheuerlich! Am besten hätte er diesen Brief erst gar nicht geschrieben, dann hätte er Zeit gespart, einen Beitrag für den Umweltschutz geleistet und kein Papier verschwendet.

Das vorgeschlagene Treffen hat übrigens nicht stattgefunden.

An dem Abend, als er den Ehering zurückforderte, war für mich innerlich – wenn nicht schon längst vorher – endgültig alles zu Ende. Ich zog die Eheringe – es waren zwei Ringe, ein schmaler und ein etwas breiterer, schlichter Goldreif – aus und gab sie ihm nicht in die Hand oder legte sie auf den Tisch, sondern warf sie ihm vor die Füße.

Er selbst unternahm nun täglich Streifzüge durchs Haus und versuchte, mir Dinge zu entwenden, die er bzw. seine Mutter mir geschenkt hatten. Unter anderem nahm er mir zwei Silberbilderrahmen fort, die er mir letztes Jahr zu Weihnachten geschenkt hatte und in denen Fotos der Kinder waren.

Erst ziemlich kurz vor seinem Auszug merkte ich, dass aus dem Tresor ein alter Aquamarin-Kettenanhänger verschwunden war, den mir meine Schwiegermutter zur Geburt meines Sohnes geschenkt hatte. Ich stellte ihn daraufhin zur Rede und er meinte: »Den habe ich umändern lassen wollen, deswegen habe ich ihn genommen.«

Ha, ha, dass ich nicht lachen musste, umändern lassen, auf seine Kosten? Ein Schmuckstück, das total intakt war, das ich auch stets gerne getragen hatte? Blöde Ausrede! Vor allem, da er sonst bei jedem ausgegebenem Cent Angst hatte, zu verarmen.

Später habe ich dieses Geschenk auf vehementes Bitten meiner Schwiegermutter an sie zurückgegeben. Mein Stolz hätte ein anderes Handeln nicht zugelassen. Und ich hätte – nach alldem – das Teil auch nicht mehr tragen mögen.

Die Krönung geschah, als ich mich dann ziemlich zum Ende meiner Ehe immer noch aufraffte, wie immer für ihn und für mich abends ein Abendessen zuzubereiten. Ich stand in der Küche, hatte gerade einen Teller mit Essen gefüllt, das ich gekocht hatte, da trat er in die Küche neben mich an die Arbeitsplatte und schaltete – wie öfters schon – sämtliche Lichter aus. Ich stand im Dunkeln, im wahrsten Sinne des Wortes. Ich wusste genau, weil er das schon mehrfach getan hatte, dass dies keine Fürsorge war, damit ich nicht noch einmal in die Küche laufen musste, um das Licht auszuschalten, bevor wir aßen. Es war der reine Geiz. Er fürchtete um jede Kilowattstunde Strom und im Sommer um jeden Liter Wasser, wenn ich draußen im Garten die Blumen goss. Jetzt nahm ich – einfach wie im Reflex – einen der vollen Teller und knallte ihn mit Wucht an die Stelle, wo ich die Küchenwand vermutete. Er zerbarst und fiel scheppernd zu Boden. Im Grunde habe ich mich damit selbst bestraft, denn ich war den ganzen Abend damit beschäftigt, die Sauerei wieder wegzumachen. Die Wand sah danach entsprechend aus, ich musste sie überstreichen.

Auch ansonsten wurde der Geiz immer schlimmer. Es war ja schon immer seine Eigenheit gewesen, intakte Glühbirnen aus den Lampen so locker zu drehen, dass sie nicht mehr brannten, aber gerade noch in den Fassungen hielten. Der Grund war, er wollte Strom sparen. Am Anfang wunderte ich mich immer, wieso die Glühbirnen so schnell durchbrannten. Beim Herausdrehen der vermeintlich defekten Glühbirnen merkte ich, dass sie nicht fest genug saßen. Also schraubte ich sie fest ein und siehe da: Sie brannten. Ich war ihm auf die Schliche gekommen. Das Leben ist doch eins der teuersten.

Am schwierigsten in dieser Lage war, dass ich es um jeden Preis vermied, von Paul noch einmal nackt gesehen zu werden.

Ich muss dazu sagen, seit der Geburt der Kinder gab es auf keiner Türe einen Schlüssel. Er fand jeden Vorwand, um die Badezimmertüre, wenn ich duschte, aufzureißen oder mich beim Anziehen im Schlafzimmer zu überraschen. Der eiskalte Blick, mit dem er mich von oben bis unten musterte, bevor er die Türe wieder schloss, sprach Bände. Ich fühlte mich unsäglich gedemütigt. Ein Mensch, mit dem ich nichts mehr zu tun hatte, durfte mich auch nicht nackt sehen. Das war und ist meine Einstellung. Das Ganze war natürlich ebenfalls dazu gedacht, mich klein zu machen und zu verletzen.

In der Zwischenzeit nahm er sich den schärfsten Hund von Anwalt, der berühmt in unserer Region war. Endlich war es so weit, es gab den Notartermin. Dem vorausgegangen waren zähe, harte, Verhandlungen zwischen den Anwälten wegen der »Scheidungsfolgesachen«, wie es im Amtsdeutsch heißt. Es gab Auseinandersetzungen um jeden Scheißteelöffel, bis es mir zu viel wurde und ich ihm sagte: »Du kannst alles, was du möchtest, mitnehmen.« Schließlich endete die Verhandlung zwischen den Anwälten in einem notariellen Vertrag, dem Eheauflösungs-Vertrag. Darin wurde festgeschrieben, dass Paul seine gesamten von ihm so geliebten Lebensversicherungen behalten konnte. Diese hatte er zum allergrößten Teil ohne mein Wissen und ohne mein Einverständnis abgeschlossen. Das war auch der Grund, warum Paul immer »klamm« war. Er hatte chronische Angst, im Alter mittellos dazustehen und glaubte, mit entsprechend vielen Lebensversicherungen dies abfangen zu können. Diese Versicherungen waren für ihn so wichtig, dass er darüber ganz vergaß, dass man im Hier und Heute lebt. Ich sollte dafür das Haus mit allen Schulden übertragen bekommen. Welch ein Geschenk! Aber ich nahm alles so, wie der Entwurf der Gegenseite war, damit das Verfahren möglichst schnell beendet wäre. Und ich wollte den Kindern die gewohnte Umgebung erhalten.

Das Peinlichste kam an dem Morgen des notariellen Termins der Unterschrift. Paul kam zusätzlich mit einer Liste von Gegenständen, die er unbedingt noch dem notariellen Vertrag als sein

Eigentum beifügen wollte. Solch unersetzliche Dinge wie ein paar Bilder, Fotos oder Bücher waren jetzt der Mittelpunkt des Geschehens. Peinlich, peinlich! Ich stimmte natürlich allem zu. Es ging mir nur darum, möglichst schnell alles hinter mich zu bringen.

Dieser Termin war nun passé, und es folgte der Gerichtstermin, dem nun nichts mehr im Wege stand, weil die sogenannten Ehefolgesachen bereits geregelt waren. Der Gerichtstermin war an einem heißen Sommertag. Ich fieberte ihm entgegen, hatte aber auch Angst, was er ergeben könnte. Ich hatte nämlich mit Hilfe eines meiner Anwälte – einer von dreien –, die allesamt den Gebührenstreitwert einstrichen, den Antrag auf Hauszuweisung gestellt. Dies bedeutete, da Paul nicht freiwillig ausziehen wollte, dass das Gericht seinen Auszugstermin festlegen sollte. Mein Anwalt hatte mich zuvor gewarnt und mir erläutert, dass so gut wie in keinem anderen Fall dies jemals befürwortet worden wäre. Es müssten Gewalt, Bedrohung, Körperverletzung und ähnlich schwere Delikte vorliegen, ohne die die Richter eine Hauszuweisung nicht befürworteten.

Ich ließ mich nicht ins Bockshorn jagen und versuchte es trotzdem. Eine andere Chance hatte ich – vor allem im Hinblick auf das seelische Wohl der Kinder – schließlich nicht. Mit verschiedenen Beschreibungen über den Ablauf meiner Ehe und von konkreten Situationen hatte ich zuvor versucht, die Notwendigkeit der räumlichen Trennung zu dokumentieren.

Es kam der Termin, und es war eine ältere Richterin, die vor uns stand. Sehr verwundert war ich, als ich ihre Worte nach ein paar einführenden Sätzen und einigen Statements von beiden Parteien hörte: »Hiermit wird entschieden, dass die Gegenseite innerhalb von sechs Wochen die gemeinsame Wohnung zu räumen und auszuziehen hat.«

Ich konnte es nicht fassen. Ich war starr. Das war so einfach? Ich hatte es geschafft! Paul musste ausziehen! Ich hätte meinen Anwalt umarmen können. Aber die erhoffte Ruhe kehrte nach seinem Auszug nicht ein. Dafür sorgte Paul. Ständig stand er abends vor unserer Haustüre oder rief an, um die Kinder zu sprechen, die dann natürlich aufgedreht und/oder fix und fertig waren. Das alles störte unseren Tagesablauf – und sollte es wohl auch. Im Grunde hatte diese ständige Haustür-Steherei natürlich auch den Nebeneffekt, mich zu kontrollieren. Ich fühlte mich in meinen eigenen vier Wänden nicht mehr wohl. Wenn ich gekonnt hätte, wäre ich am liebsten weggezogen. Aber das ging nicht, auch finanziell nicht. Zudem: Ich hatte in der Nähe meine Arbeit und war – wegen der Kinder – auf kurze Wege angewiesen. Die von mir von der Scheidung erhoffte Ruhe bzw. der »Stillstand der Waffen« trat leider nicht ein. Es hieß für mich, weiter zu kämpfen – nicht nur im Job, sondern auch für mein und der Kinder Privatleben. Schade, es soll ja auch Elternteile geben, die nach der Trennung – zumindest für die Kinder – kooperieren. Leider war das mit Paul nicht machbar. Anscheinend hatte die vor meiner Scheidung von mir wegen des besten Weges für die Kinder konsultierte Kinderpsychologin recht, die damals schon gesagt hatte: »Sie beide werden streiten bis zum Bundesgerichtshof.«

4. Kapitel

Ehen zerbrechen leise

In der ersten Zeit nach der Trennung dachte ich viel nach. Am Ende fragen wir uns wohl alle, die es erlebt haben: Warum musste es so kommen? Mögen es auch nur Kleinigkeiten sein, die Liebe hat nachgelassen, die Beachtung, die Wertschätzung, oft auch sogar der Respekt füreinander. Der Alltag regelt, worüber man sich früher noch besprochen hat, kleine Liebesdienste werden nicht mehr anerkannt oder sogar übersehen, die Verfügbarkeit des anderen wird selbstverständlich. »Mach mal, kannst du mal? Hast du noch nicht?« Und plötzlich ist er da, der große Wunsch nach jemandem, der einen wahrnimmt, der einem zuhört, der sich kleine, nette Gesten ausdenkt, der einen begehrenswert findet. Und es fangen die Schmetterlinge an, im Bauch zu rumoren, und schließlich zertritt man sie alle auf dem Boden zu Staub, weil nicht sein kann, was nicht sein darf. Das ist der Zeitpunkt, an dem es höchste Zeit wird, um über sich, den Partner und die gesamte Verbindung nachzudenken. Was ist los? Was läuft schief? Dann folgt der erste zaghafte Versuch, das Thema zur Sprache zu bringen. Was ist mir dir? Was ist mit uns? Der andere fasst es sofort als Kritik auf und macht zu, zieht sich zurück.

Im Beisein Dritter dann die erste Anklage, die erste peinliche Schuldzuweisung: »Du hast aber. Du bist aber. Du tust nie!« Alles entgleitet, man sieht nur noch die schlechten Seiten, kann die Art, wie jemand ist, nicht mehr ertragen, die Art, wie jemand schläft. Alle Rituale sind einem zuwider und man fragt sich: »Ist es das noch? Kann es das noch sein? Soll ich daran arbeiten oder es wegwerfen?« Meistens sind Kinder da. Können Kinder kitten? Und wenn ja, wie lange? Bis sie groß sind? Damit man sich dann später anhören muss: »Aber wegen uns hättet ihr doch längst ...« Inwieweit soll man überhaupt für Kinder auf ein eigenes Leben verzichten? Oder lässt es sich vielleicht doch vereinbaren, ein Wandel, eine Trennung mit Kindern? Radikal vielleicht, aber wenn beide Teile einsichtig sind, mit gemeinsamer Basis, in getrennten Wohnungen?

Trennung ist zugegebenermaßen schwierig, denn die Kinder verlieren ein Elternteil. Aber auch nur, wenn die Erwachsenen damit unverantwortlich umgehen, wenn sie die Kinder als Waffen gegeneinander einsetzen. Das tun Eltern leider häufig nach einer zerrütteten Ehe. So manches Kind bleibt auch auf der Strecke, weil sich die Eltern zu Hause bekriegen, aber zum vermeintlichen Wohl des Kindes keine Konsequenzen ziehen.

Das wollte ich vermeiden und suchte vor meinem Scheidungsentschluss eine Kinderpsychologin auf. Diese ließ meine beiden damals kleinen Kinder jeweils Bilder malen und sagte mir zum Schluss: »Ich rate es nur ungern und selten. Aber in Ihrem Fall wäre es das Beste, wenn Sie sich so schnell wie möglich trennen würden.« Erst daraufhin habe ich mich wirklich zur Trennung durchgerungen, trotz all der letzten Jahre und trotz der Herzkrankheit, die mir die Augen geöffnet hatte. Ich wollte, dass die Kinder in einer ruhigeren Atmosphäre aufwuchsen, in einer Atmosphäre, die nicht dauernd gespannt war, in der die Eltern stritten oder sich gegenseitig Vorwürfe machten. Und meine waren – wie alle Kinder – so etwas wie kleine Seismographen. Selbst, wenn sich nicht offensichtlich gestritten wurde, merkten sie, wenn »dicke Luft« war. Davon hatten meine mehr als genug in ihren ersten Lebensjahren mitbekommen. Ich handelte nach dem Motto: Lieber ein Ende mit Schrecken als ein Schrecken ohne Ende.

Lange vor meiner Scheidung hatte ich mich bereits gefragt, wann und warum Ehen kaputt gehen. Natürlich sind die Gründe stets individuell. Es gibt dieser unendlich viele. Viel hatte ich über dieses Thema bereits gelesen, damals – vor meiner Scheidung – in der Hoffnung, mit Hilfe der klugen Ratgeber das Ruder doch noch herumschwenken zu können. Genutzt hat es wohl nichts. Aber eines muss ich feststellen: Am Scheitern einer Ehe sind immer zwei Personen beteiligt, das stimmt, aber nicht immer zu gleichen Teilen.

Was ist denn die Basis einer modernen Ehe? Eine Ehe, in der es keine Rollenzuweisungen mehr gibt, keine ans Geschlecht gebundenen Funktionen, keine finanziellen oder sonstige Abhängigkeiten mehr existieren? Dies oder anderes fragte ich mich: Wie schafft man es, jemanden tatsächlich zu lieben, wenn die Leidenschaft längst abgeklungen ist? Denn dafür war die Ehe ja nicht vorgesehen, wie wir wissen; Ehe einerseits und Liebe und Romantik andererseits schlossen sich weitgehend aus, galten Jahrhunderte lang geradezu als unvereinbar. Die Ehe sicherte die Nachkommen und die ökonomische Basis, baute die eigene Macht der Familien aus, erschloss neuen Besitz und stiftete sogar vorübergehend Frieden zwischen den Staaten. Erst seit der Romantik musste mit der Eheschließung zusätzlich das Gefühl abgefordert werden, was auf Dauer ziemlich anstrengend war, wenn es nicht auf solider Grundlage wuchs.

Wachsen aber können solche Gefühle nur da, wo auch Nähe ist, und Nähe entsteht im Gespräch. Da aber in der heutigen Zeit immer weniger Paare miteinander reden oder nicht genug miteinander reden, kann die Nähe nicht entstehen und nicht wachsen, auch in meiner Ehe konnte sie das nicht.

Dementsprechend ist es nicht allein entscheidend, wie oft ein Paar miteinander ins Bett geht, wobei auch das wichtig ist. Wie oft miteinander geredet wird, ist wichtiger. Dabei müssen wohl keine bedeutenden Inhalte besprochen oder gar Beziehungsprobleme diskutiert werden. Das Reden an sich ist entscheidend, das einander Zuwenden. Und gerade in den Alltagsgesprächen, im Umgang miteinander, im Alltag zeigt sich, wie viel Respekt man sich gegenseitig zollt, wie viel jeder zu nehmen und zu geben bereit ist, wie viel Zeit uns das Gelingen des Alltags wert ist. So weit die Theorie. In der Praxis kann jeder bei sich oder zumindest in seinem Freundeskreis prüfen, warum genau das nicht gelingt.

Ich in meiner Ehe hatte bereits in den Jahren vor der Scheidung gemerkt, dass kein Dialog, kein Miteinander-reden und nichts Gemeinsames mehr stattfand. Darunter habe ich sehr gelitten und es angesprochen. Genutzt hat es nichts. Auch hier gilt: Wenn nur einer will, ist das zu wenig.

5. Kapitel

Die innere Loslösung

Mit dem Scheidungstag war ich noch nicht über dem Berg. Die innere Loslösung aus einer Partnerschaft kann lange dauern so wie bei mir.

»Ja aber«, werden Sie jetzt sagen, »Sie wollten doch die Scheidung und die letzten Jahre waren doch der Horror?«

Ja, dennoch sage ich, es stimmt. Selbst wenn man selbst die »treibende Kraft« für eine Trennung ist, es bleibt das Eingeständnis, die eigene Lebensvorstellung, die man stets hatte, verloren zu haben. Denn das war ja immer unser Lebenskonzept: Heiraten, Familie gründen ..., bis der Tod uns scheidet. Oder wie im Märchen: »Wenn sie nicht gestorben sind, dann leben sie heute noch«! Eben das war ja die Illusion: Friede, Freude, Eierkuchen ... Und genau diese ist in die Brüche gegangen. Wer hat schon gerne, dass sein Traum zerplatzt? Aber ich fühlte, ich war auf dem richtigen Weg. Ich hatte die Phase des Schocks und der Ernüchterung hinter mir. Dennoch lagen noch schwierige Wochen und Monate vor mir.

Aber eines war weg: der seelische Dauerbelastungsdruck. Er forderte in den letzten Jahren meinen ständigen Kräfteeinsatz. Hat der Mensch ein gut gefülltes Kräftereservoir, kann er diesen fortwährenden Energieabfluss eine Zeitlang tolerieren, aber nicht ewig. Wer ständig mehr Energie verbraucht, als er nachtankt, läuft leer und rutscht irgendwann unter die Grenze totaler Erschöpfung.

Das war wohl der Punkt, an dem ich die Myokarditis bekam. Zuvor war ich damals in tiefe Traurigkeit, in Niedergeschlagenheit, Hoffnungslosigkeit und Schlaflosigkeit gefallen. Gleichzeitig litt ich darunter, fast unfähig zu sein, eine Ehe-Entscheidung zu treffen. Wer so am Ende war wie ich, der konnte sich kaum noch selbst helfen. Da ich nun mal so gestrickt war, fremde Hilfe eher zu vermeiden, glaube ich noch heute, hat mir das Universum damals die Krankheit geschickt.

Mit viel übermenschlicher Anstrengung gelang es mir, auch nach meiner Scheidung in die Parallelwelt meines Berufes einzutauchen und dort gut zu funktionieren. Wie ein Roboter, dachte ich. Danach hastete ich wieder nach Hause zu meinen Kindern. Meine Rettung war eine Freundin, die mir – anstatt lange Mitleidsgeschichten zu erzählen – einiges über die psychologischen Wirkungen erlittener Trennungen berichtete: »Trennungen – egal von wem sie ausgehen, sind vergleichbar wie Fieber und eine Infektion. Man kann nichts anderes tun, als das Programm zu akzeptieren. Man weiß, es wird nach einiger Zeit abklingen. Auch Verlassenheitsängste und Trennungsschmerz klingen ab. Tief und prägend haben wir sie alle bei unserer Geburt erlebt, als wir plötzlich und schmerzhaft von unserer Mutter getrennt wurden. Aber wir haben diese Trennung überlebt und sind danach größer und stärker geworden.

So solltest du auch den Trennungsschmerz bei Verlust deiner Partnerschaft betrachten: Akut ist er nicht zu besänftigen, aber er ist der Schmerz einer Wiedergeburt. Wenn du ihn überwunden hast, wirst du wachsen.«

Und sie gab mir folgenden Rat: »Akzeptiere deinen Schmerz, deine Schwäche und verhalte dich wie ein Kranker. Überlege dir, wie du dir die nächsten Stunden am leichtesten machst, wie du sie überstehst, was dir nutzt, was dir gut tut, und tue es dann und denke nicht an morgen oder an übermorgen oder das nächste Jahr. Lebe im Hier und Jetzt!« Das hörte sich leichter an, als man es umsetzen konnte. Aber ich übte, übte immer weiter und schließlich – nach langer Zeit – gelang es mir.

Kinder! Wenn ich meine Kinder nicht gehabt hätte, wäre ich nicht wieder so schnell auf die Beine gekommen. Glauben Sie mir, das Beste, was einem passieren kann, um wieder neuen Optimismus zu tanken, sind die eigenen Kinder.

Nach dem Ende meiner Ehe glich ich wahrscheinlich einem Menschen, der aus der Geiselhaft frei kommt. Neben den Gefühlen wie Erleichterung, Schwindel, Ungläubigkeit, Trauer, nachwirkender Wut erlebte ich auch Optimismus. Die meiste Zeit kam es mir vor, als wäre ich mit diesen Gefühlen zusammengekoppelt gewesen wie die Wagen einer Achterbahn. Es gab Momente von Euphorie und im nächsten Augenblick von Niedergeschlagenheit. Das Schlimmste war das Aufwachen an den Wochenenden, an denen meine Kinder bei ihrem Vater waren. Entsetzlich war die Leere im Bett, die Stille im Haus und dass niemand da war. Und dass Paul an diesen Wochenenden seinen Kindern sämtliche Anwaltsschriftsätze des Scheidungsverfahrens zeigte und sie lesen ließ.

Das Wichtigste, was ich in dieser Situation getan habe, war, mir einzugestehen, dass ich das Alleinsein lernen musste. Aber es war keine Krise, die weiter bergab führte, sondern eine Rekonvaleszenzzeit.

Bleiben wir mal beim Beispiel einer Geisel, die monatelang in Abgeschlossenheit und Kontaktlosigkeit verbracht hat. Es liegt auf der Hand, dass sie überfordert ist, wenn sie am Abend ihrer Freilassung auf eine Party gehen würde oder an einem achtgängigen Feinschmeckermenü in einem Edellokal teilnehmen soll. Sie braucht Zeit. Sie muss sich erst wieder daran gewöhnen, frei zu sein.

Und dieser Intuition folgte ich und tat das, was ich Jahre nicht mehr getan hatte. Nach einiger Zeit versuchte ich an den Wochenenden, an denen meine Kinder nicht bei mir waren, Kräfte zu sammeln. Ich fing langsam wieder an, Bücher zu lesen, Musik zu hören, in Zeitschriften zu stöbern, spazieren zu gehen oder zu laufen. Ich merkte, welche kleinen Dinge mir gut taten. Ich fing wieder an durchzuatmen.

Und heute bin ich gerne allein. Ich muss dann nicht – wie manche Leute – stets weggehen oder in anderen ablenkenden Aktionismus verfallen. Mit irgendetwas beschäftige ich mich immer. Und ich finde stets etwas, das mir gerade Spaß macht, zu tun.

Natürlich waren da immer die Momente, in denen ich mich fragte, wofür ich mir zum Beispiel eine schicke Bluse gekauft hatte. Da war es plötzlich wieder, dieses Gefühl von einem Leck im Leben, einem blinden Fleck, der unsichtbar ist, der sich nicht ganz schließen lässt. Und dann spürte ich wieder, wie die Energie mich ein wenig verließ. Aber ähnlich wie das Abdecken des Lecks bei einem Schiff dauerte es auch, das Leck in der Seele zu reparieren. Es ließ sich nicht so einfach kleben. Es war das Resultat einer Verletzung, einer Wunde, die Schorf bilden und heilen muss. Manchmal – so wie in meinem Fall – dauert der Heilungsprozess sehr lange. Das erklärt vielleicht auch, weshalb ich einige Zeit immer wieder Männern konsequent aus dem Weg ging. Ich tat das aus Selbstschutz, denn ich fürchtete – zu Recht – nichts so sehr wie die Gefahr neuer Verletzungen, die mir noch mehr Energie rauben würden. Und ich lernte, die neue Bluse nur für mich zu tragen.

Als ich begriffen hatte, dass ich den Schmerz für einige Zeit in Kauf nehmen musste, war ich nicht mehr ganz so hilflos. Entscheidend war, dass ich dafür sorgte, dass aus diesem Leck nicht mehr Energie abfloss, als Körper und Seele wieder zuflossen. Viele Frauen – auch ich – neigen grundsätzlich dazu, sich am Ende einer Beziehung schuldig zu fühlen. Irgendwie musste ich ja wohl nicht ausreichend duldsam, anpassungsfähig und unterhaltsam gewesen sein oder einfach nicht attraktiv genug, sonst wäre die Beziehung ja nicht in die Brüche gegangen. Diese Gedanken – so merkte ich – waren aber absolut kontraproduktiv. Denn diese negativen Gedanken gebaren neue negative Gefühle und zogen mich runter.

Diese Abwärtsspirale musste ich durchbrechen. Ich betrachtete fortan meine Ehe nicht als Endpunkt, sondern als Beginn eines neuen Lebensabschnittes. Ich stand ja nicht mit leeren Händen da, sondern meine Hände waren frei für ein neues Leben. Ich sah das vor mir Liegende als Chance und vor allem: Ich hatte keine Angst mehr. Es stimmte zwar, dass eine der Säulen, auf die ich mein Leben gegründet hatte – Partnerschaft – eingeknickt war. Die anderen Säulen aber standen noch. Ich hatte meine Kinder und meinen Beruf. Vor allem meine Kinder waren besonders wichtig, und deshalb begann ich mein neues Leben damit, diese beiden Säulen zu hegen und zu pflegen.

Der Alltag hatte sich für mich nicht verschlechtert, sondern verbessert. Da ich ja auch in meiner Ehezeit stets allein zuständig für alles gewesen war, was anfiel, inklusive Steuererklärung und Krankenkassenabrechnungen, war ich quasi nach meiner Trennung gut im Training, weil ich die Organisation sämtlicher unserer Lebensbereiche immer schon gewohnt war.

Verbessert hatte sich der Alltag insofern, dass ich nicht mehr unter dem Druck der Anwesenheit von Paul stand. Ich musste seine schlechte Stimmung, seine Launen, seine Beleidigungen und seine brutalen verbalen Angriffe nicht mehr ertragen. Und die Kinder waren nicht mehr aufgehetzt und mussten nicht mehr in dieser von Spannungen vergifteten Atmosphäre leben wie zuvor. Plötzlich hörte mein Herzrasen, das stets abends zwischen 19.00 Uhr und 20.00 Uhr, kurz vor der Zeit, als Paul nach Hause kam, eingesetzt hatte, auf. Ich stand nicht mehr unter Druck. Niemand schmiss mehr meine mühsam gegenüber den Kindern aufrechterhaltenen Entscheidungen um, niemand fiel mir in Erziehungsfragen in den Rücken.

Im Nachhinein glaube ich, der schlechteste Ratgeber, wenn Frauen vor einer Trennung stehen, ist die Angst. Diese Angst hatte ich auch und sie war es, die mich Jahre lang an einer Trennung hinderte. Es war die Angst vor einer Ungewissheit, vor Un-Geborgenheit, vor Einsamkeit. Aber letztlich hatte ich auch in meiner Ehe Un-Geborgenheit und Einsamkeit. Ich war quasi zu zweit alleine. Damals war es die Angst, die ihren Ursprung verschleiert und sich gerne mit Vernunftgründen maskiert. Ich redete mir ein, die Fortsetzung der Partnerschaft sei das kleinere Übel gegenüber dem größeren – einem neuen, unbekannten Leben.

Heute bin ich froh, dass ich mich von dieser Angst schließlich nicht lähmen ließ. Alle, die ich kenne, die lange gezögert haben, den Schritt der Trennung zu gehen, bis er dann doch unvermeidlich wurde, haben das Abwarten später bereut. Es war für sie, wie für mich auch, vergeudete Lebenszeit. Die inneren Durchhalteparolen führten lediglich dazu, dass der Alltag immer quälender, bitterer und von der Furcht vergiftet wurde, dass das Ende schließlich doch kam. Wenn das Ende dann da war, waren die Ausharrenden bereits krank geworden von dem Alltagsgift.

Es mag viele gute und weniger gute Gründe gegeben haben, an der Seite eines Partners, der einen nicht mehr schätzt, zu bleiben. Sei es die Furcht davor, einem neuen Leben nicht gewachsen zu sein oder seien es finanzielle Überlegungen. Bei mir war es das schlechte Gewissen, weil die Kinder noch relativ klein waren. Jeder erzählte mir vor der Scheidung, man dürfe sich nicht trennen mit kleinen Kindern – wie ich heute weiß, ein Ammenmärchen. Je jünger die Kinder sind, desto besser ist es für sie. Sie bekommen dann den ganzen Scheidungskrieg – wie es in meinem Fall leider war – nicht so mit. Und fast alle Betroffenen, mit denen ich nach meiner Trennung zu tun hatte und die auch getrennt waren, erzählten mir, dass auch, wenn die Trennung schwierig und schmerzhaft war, hinterher Erleichterung und das Gefühl der Befreiung schnell über das Gefühl von Angst und Beklommenheit gesiegt habe.

Ich erinnere mich noch, wie ich lange Jahre und auch noch während der Zeit der Paartherapie versucht habe, Pauls Blick mit meinen Augen festzunageln, aber sein Blick ging durch mich hindurch, selbst wenn ich vor ihm stand. Er sah mich nicht mehr. Ich glaube, ich war ihm einfach gleichgültig oder er war so an mich gewöhnt wie an einen Putzlappen. Ich hatte ihn verwöhnt und für einen reibungslosen Alltagsablauf gesorgt. Ich hatte immer weniger erwartet, und das war meine Schuld. Jetzt, als ich genauer hinschaute, fiel mir auf, dass wir schon viele Jahre immer weniger gemeinsam unternommen hatten. Und dieses endlose Schweigen! In das schlichen sich dann aus Frust kleine Bösartigkeiten, Gehässigkeiten, die aus Verheirateten oft trostlose Paare machen. Später arteten diese Gehässigkeiten aus in ernsthaft schmerzliche verbale Attacken unter die Gürtellinie.

Schon seit langem konnte ich meinen Kopf dafür verwetten, dass, wenn sich ein Paar angeregt miteinander unterhält, wenn es sich anlacht und immer wieder zärtlich berührt, dann ist eines sicher: Die beiden kennen sich noch nicht lange oder sind anderweitig verheiratet. Ehe, langjähriges Teilen des Alltags und jahrelanger Kinderstress sind die zuverlässigsten Beziehungskiller. Ich bin froh, das hinter mir gelassen zu haben. Und ich möchte niemals mehr einen Blick, der mich nicht sieht, durch mich hindurch geht, sondern einen aufmerksamen, zumindest gütigen, am besten liebevollen!

6. Kapitel

Ist ein Ehemann unersetzlich?

Gegen den Alltag als Beziehungskiller habe ich sogar die Idee, dass Männer und Frauen nur in der Paarungszeit zusammenpassen. Danach sollten sie auseinandergehen beziehungsweise sich nur noch gegenseitig besuchen, aber keineswegs zusammenleben. Ich bin inzwischen felsenfest davon überzeugt, dass dann alle glücklicher wären. Nur leider lebt kaum ein Paar danach. Wenn die Lust vorbei ist, trennt man sich entweder oder ödet sich für den Rest des Lebens an. Muss das sein?

Verschaffen wir uns Klarheit, Klarheit darüber, ob wir wirklich einen Mann in unserem Leben haben wollen. In den meisten Fällen heißt das: *wieder* haben wollen. Denn da war ja mal einer, vor einigen Monaten oder Jahren, einer, der gegangen ist oder rausgeworfen wurde. Dabei sollten wir jetzt nicht den Fehler machen, seine Existenz zu verklären. Denn leider spielt uns die Erinnerung an eine vergangene Liebe oft einen Streich und färbt sie in rosa Tönen. Also konzentrieren wir uns. Denken wir an alle die Streitigkeiten, fühlen den Ärger und die Wut, die Verzweiflung, all seine Vergesslichkeiten, seine Lieblosigkeiten, Oberflächlichkeiten, Eigensüchtigkeiten und Gemeinheiten. Wollen wir das zurück? Natürlich wollen wir das nicht zurück, aber einen neuen Mann können wir auch nicht beim Designer in Auftrag geben, der nach unseren Wünschen arbeitet, sondern wir finden ihn fertig vor. Und andererseits: Heute können wir tun, was wir wollen. Jetzt, in dieser Sekunde! Wir können den Beschluss fassen, den Abend im Bett zu verbringen oder in der Oper oder bis Mitternacht zu arbeiten, ohne uns rechtfertigen zu müssen, oder tanzen zu gehen. Und in der nächsten Sekunde – und das ist das Beste daran – können wir diesen Entschluss wieder umstoßen oder die Oper in der Pause verlassen. Alles ist unsere Entscheidung. Keiner redet uns rein. Da fragt es sich: Sollten wir das wirklich ändern? Brauchen wir wirklich einen (Ehe-)Mann zum Glück?

»Ja, aber«, werden Sie jetzt sagen, »mir fehlt der Mann zum Kuscheln, die harte, breite, verlässliche Schulter zum Anlehnen, seine Fußmassagen.«

Halt, Stopp! Es gibt keinen Mann, der seiner Frau freiwillig Fußmassagen gibt. Klar, in den Anfangstagen, in denen er alles, alles tun würde, nur um sie ins Bett zu kriegen, dann würde er sogar Gedichte zitieren und sich die Nasenhaare rasieren, aber wenn der erste Rausch verflogen ist, dann ist Schluss mit lustig. Also, wenn Sie kuscheln wollen, dann gönnen Sie sich ein Steifftier, eine lebendige Katze oder eine professionelle Rückenmassage. Und wenn es ihn tatsächlich geben würde, den Mann mit Kuschelgarantie, dann trüge er vermutlich einen Zottelbart und selbstgestrickte, kratzige Schafwollpullis und brächte sich »ein Stück weit« in die Beziehung ein. Ach ja, und beruflich hätte er entweder eine ABM-Stelle als Friedhofsgärtner oder er hätte seinen Ersatzdienst in der Kinderkrippe gerade verlängert. Also: Vergessen Sie 's mit dem Kuscheln. Denn das ist was anderes als Sex. Den will jeder Mann, garantiert.

Was bliebe noch? Der Mann, die Haushaltshilfe? Eine reine Katastrophe! Vom kreativen Grillen im Sommer, wenn Gäste kommen, mal abgesehen, brutzelt mancher Mann nie und führt sich am heimischen Grill als Sternekoch auf. Und wenn ein Mann »richtig« kocht, sieht danach die Küche garantiert aus wie nach dem atomaren Erstanschlag. Auch die Wäsche sollte man ihm nur überlassen, wenn man vorhat, seine gesamte Garderobe auszutauschen oder einen Versicherungsschaden an der Waschmaschine geltend machen kann.

Denkbar wäre dann noch der Mann als Vater, aber bloß nicht, bevor die Kinder dem Windel- und Nächte-Durchschrei-Alter entwachsen, also etwa zehn Jahre alt sind. Aber dann kommt blitzschnell die Pubertät, und die strengt die Männer derartig an, dass sie ihr Unsichtbarkeits-T-Shirt auch dann nicht wieder ausziehen.

Der Mann als Gärtner? Na ja, ich muss zugeben, das eine oder andere männliche Exemplar soll ja im Gärtnerischen oder Handwerklichen geschickt sein. Aber es gibt auch jede Menge Zeitgenossen, die zwölf Daumen an zehn Fingern haben. Abgesehen davon ist jeder Mann ab Dreißig von einem Bandscheibenvorfall bedroht, wenn er etwas Schwereres heben soll als sein Powerbook. Denn wenn es um körperliche Arbeit geht, die nicht mit einem Stundensatz von siebzig Euro plus Anfahrtkosten von fünfzig Euro beglichen wird, sondern sich als reiner Liebesdienst darstellt, hat es plötzlich jeder Kerl im Kreuz. Es muss ja nicht so extrem sein wie in meiner Ehe: Ich robbte im Garten und jätete mühsam auf allen Vieren Unkraut, und der Herr saß zeitunglesenderweise auf der Terrasse und rief mir zu, wo ich noch etwas vergessen hatte, zu entfernen. Ostanatolien?

Der Mann als Handwerker? Bis auf wenige Ausnahmen: Vergessen Sie 's! Es muss ja nicht jede mit so einem Exemplar gestraft sein, wie ich es hatte. Kaum war der Schreiner mit dem Einbau eines Garderobenschrankes fertig, der vier Türen in Höhe von jeweils 2,50 Metern aus Spiegelglas hatte, da dachte Paul wohl anscheinend an das Motto: Vertrauen ist gut, Kontrolle ist besser. Er zog die jeweiligen Knöpfe zum Öffnen der Türen nach, und eins, zwei, drei, vier: Alle Spiegeltüren platzten durch den Druck. Der Schreiner schlug die Hände über dem Kopf zusammen angesichts seiner zerstörten Arbeit, und ich konnte erst mal gar nichts sagen. Später schloss ich eine Glasversicherung ab, nicht wegen der Kinder, sondern wegen Paul.

Zur Krönung an demselben Tag versuchte Paul mit unserem Sohn das vor kurzem geschenkte Skateboard auszuprobieren. Paul stand genau eine Sekunde drauf, fiel herunter und – brach sich den Arm. Muss ich noch mehr erzählen?

Im Anschluss an das Ende meiner Ehe ging es wohl ähnlich weiter, wie ich mir berichten ließ: Auge kaputt durch beim Einschlagen abgesprungenen Nagel, Fuß gebrochen durch beim Umzug fallengelassenen Schrank, Schulter defekt durch Rolltreppe laufen auf der entgegengesetzten Richtung, wohlgemerkt: als erwachsener Mann!

Der Mann als Helfer? Da fällt mir noch eine Begebenheit aus meiner Ehezeit ein. Ich war mal wieder – wie jedes Wochenende – mit den Kindern unterwegs, damit Paul seine Ruhe hatte und sich erholen oder einen beruflichen Termin wahrnehmen konnte.

Die Kinder waren ungefähr drei und vier Jahre alt. Es war ein schwüler Sommertag, und meine Freundin und ihr Mann mit ihren gemeinsamen Kindern nahmen uns – wie so oft – mit. Wir fuhren Richtung Bad Breisig und setzten dann mit der Fähre auf die andere Rheinseite über. Die Luft war zum Schneiden und am Horizont zogen drohende Gewitterwolken heran. Kaum waren wir in dem Örtchen angelangt, brach ein Mega-Unwetter mit Blitz, Donner, Sturm und Hagelschlag los. In einer Unterführung stellten wir uns unter, bis auch diese mit Wasser zulief und wir die erste Fähre, die wieder fahren konnte, auf die andere Rheinseite nahmen, wo unsere Autos standen.

Auf der Rückfahrt sahen wir umgestürzte Bäume, ein Meer von vom Sturm heruntergerissenen Blättern auf den Straßen und Wasser auf der Straße, so groß wie kleine Seen. Es war geplant, nach dem Ausflug bei der Familie meiner Freundin zu grillen. Da wir alle bis auf die Haut durchnässt waren, fuhr ich vor Beginn des Grillens erst mal mit meinen Kindern nach Hause, um uns umzuziehen. Kaum kamen wir zur Haustüre herein, klingelte das Telefon. Es war ein Nachbar, der fragte:

»Haben Sie auch Wasser im Keller?« Ups, Wasser im Keller?, dachte ich, und während ich mit dem Telefon in der Hand die Kellertreppe herunterlief, sah ich die Bescherung: An der vorletzten Stufe konnte ich nicht mehr weiter, weil diese von Wasser umspült war. Mamma Mia! So eine Scheiße! Ich verabschiedete schnell den Nachbarn und versuchte, Paul anzurufen, der an diesem Samstag wieder einen wichtigen »beruflichen« Termin hatte. Und wie immer, wenn man ihn brauchte, ging er nicht ans Handy, war wie vom Erdboden verschluckt. Super! Die Kinder waren begeistert und stapften schon mal mit ihren Gummistiefeln durch das 25-Zentimeter hohe Nass und hatten Spaß. So ein Mist, wen kann ich samstags am frühen Abend erreichen? Wer konnte helfen? Zuerst rief ich meine Freundin an und erklärte ihr die Sachlage und dass ich wohl nicht mit den Kindern zum Grillen kommen konnte.

Da hatte ihr Mann die rettende Idee. Er kannte von Berufs wegen einen Installateur, den er fragen wollte. Und es klappte.

Der Installateur und der Mann meiner Freundin rückten an, um den Keller auszupumpen. Was hatte ich für ein Glück, so liebe Freunde zu haben! Wir standen Stunden mit Gummistiefeln im Wasser und versuchten, des Wassers Herr zu werden.

Kurz bevor wir fertig wurden, erschien Paul nach seinem wichtigen Termin, bot weder an, zu helfen noch tat er etwas, sondern begab sich in sein Bett nebenan – und ging nicht über »Los«. Nach fünf Minuten tauchte er wieder bei uns auf und rief: »Was ist denn das für ein Krach hier? Ich kann nicht schlafen«, und verschwand wieder ins Bett. Ups! Wir waren wohl im falschen Film! Hinterher waren wir – der Mann meiner Freundin, der Installateur und ich – uns einig, dass wir ihm mal den Schlauch ins Gesicht hätten halten sollen. So eine kleine Dusche soll ja bekanntlich das Denkvermögen aktivieren ...

Soviel zum Thema: Der Mann als Helfer – nein, ist nicht gerecht – so viel zum Thema: Der Mann als solidarischer Partner.

Da Paul ja sowieso den Schlaf der Untätigen schlief, haben wir anschließend trotzdem noch gegrillt, und es wurde ein sehr spaßiger, später Abend.

Damit ist die Liste der Fähigkeiten von Männern im Alltag zu Ende. Wir müssen feststellen: Wir brauchen nicht wirklich einen (Ehe-)Mann. Für gar nichts. Das Leben kann auch so schön sein, manchmal sogar schöner. Und das sagt eine überzeugte Nicht-Emanze. Auch wenn die obige Beschreibung der Nützlichkeiten des Mannes natürlich sehr durch meine Zeit mit Paul geprägt ist.

Den Mann fürs Leben zu finden ist sowieso wie der berühmte Lottogewinn. Die meisten bekommen ihn nicht und geben sich irgendwann mit dem Tombola-Trostpreis zufrieden. Die Sehnsucht aber bleibt, und irgendwann setzt sich der Stachel fest, etwas Wesentliches zu verpassen oder an einem wichtigen Punkt falsch entschieden zu haben. Fast jede zweite Ehe in Deutschland wird geschieden. Die Suche nach dem Glück ist, so glaube ich, eine lebenslängliche. Dabei ist vieles Illusion. Seltsam, mit welchen Vorstellungen aufgeklärte Menschen heutzutage noch in die Ehe gehen, als könnte die Unterschrift alles richten und aus zwei Menschen eine Einheit entstehen lassen, die dann nur noch an einem Strang zieht. Wenn diese erste Illusion geplatzt ist und Schwierigkeiten auftreten, versuchen es viele mit einem Kind. Ein Kind als Kitt einer brüchig gewordenen Gemeinschaft? Welch ein gefährliches Spiel, denn gerade, wenn die Ehe nicht mehr stimmt und ein Kind kommt, wird sich die Frau zumeist voll auf das Kind konzentrieren, hier muss sie die vermisste Liebe finden und geben, und der Mann fühlt sich oft abgedrängt und abgeschoben. Viele ernsthafte Schwierigkeiten in einer Beziehung beginnen überhaupt erst – so wie bei mir – wenn ein Baby da ist.

Man sollte sich schon sehr sicher sein, wenn man einem anderen Menschen sein Leben verspricht. Interessanterweise betonen gerade Frauen, die ihre Männer unfreiwillig durch Tod oder freiwillig durch Scheidung losgeworden sind, dass sie niemals mehr heiraten würden. Das sind oft Frauen um die Fünfzig oder Sechzig, die zurückgesteckt haben, sich nach den Launen der Männer gebogen haben, die für alles verantwortlich waren, ohne dafür anerkannt zu werden. Sie blühen auf, wenn sie ihren Tag, ihre Umgebung, ihr Leben plötzlich selbst bestimmen können. Sie entwickeln unglaubliche Aktivitäten, belegen alle möglichen Fortbildungskurse, unternehmen Entdeckungsreisen und stürzen sich in neue Aufgaben.

7. Kapitel

Das Hochzeitsmärchen

Angesichts des Endes des letzten Kapitels und meiner qualvoll empfundenen letzten Ehejahre ist natürlich die Frage berechtigt, warum wir Frauen überhaupt heiraten wollen. Wie kann es dazu kommen? Nein, ich meine nicht, dass ich persönlich das für mich falsche Exemplar aus dem Goldfischteich geangelt habe, sondern ich meine es generell: Warum wollen Frauen auch heute noch heiraten, obwohl sie ihren Beruf haben, ihr eigenes Geld verdienen, also ihre eigene Versorgung haben?

Ich erinnere mich, als ich ungefähr fünf Jahre alt war, hatte ich nur einen Wunsch, später einmal Prinzessin oder Braut zu sein. Ich war ein gut erzogenes Fünfzigerjahre-Produkt, und ich war ein braves Mädchen. Prinzessinnen und Bräute waren für mich das Größte. Und es gab für mich kein schöneres Spiel als das des Verkleidens. Egal, was es war, was edel aussah, nahm ich dazu. Waren es die alten Gardinen, die meine Mutter im gesamten Haus ausgemistet hatte – diese trug ich als Schleier und als Schleppe – oder ausrangierte Abendkleider oder später ein alter Petticoat, den ich anzog zu weißen langen Handschuhen, und dann tanzte ich zu einer Wiener Walzer-Platte.

Ich wurde gefragt: »Wer ist denn der Prinz, wer ist der Bräutigam?«

Etwas erstaunt sagte ich: »Franz Josef von Österreich.« Aber ehrlich, insgeheim war es mir vollkommen egal. Ich sah nur mich in meiner weiblichen Hauptrolle. Schließlich ging es ja um mich. Was hatte dabei ein Prinz oder Bräutigam zu suchen?

Doch was bekam ich zu hören: »Aber ohne Prinz oder Bräutigam wirst du niemals Braut werden!«

Da hatten wir 's! Schon mit meinen bescheidenen fünf Jahren hatte ich absorbiert, was mir die Zukunft verpfuschen könnte. So ähnlich habe ich 's treffend in einem Buch gelesen und auch Folgendes: Nichts bringt Frauen so sehr um den Verstand wie die

Aussicht auf Heirat, auch heute noch. Egal, ob schwarz, weiß oder kariert, egal, ob puristisch oder progressiv gekleidet, die Gesellschaft vermittelt jedem kleinen Mädchen das Prinzip Hochzeit als das ultimative Top-Event der gesamten Lebensbiografie.

Uns Kindern der Fünfzigerjahre wurde suggeriert: »Nur als Braut hast du Zukunft«, und: »Nur der Bräutigam verfügt über den Schlüssel zu deinem Glück.« Und im übertragenen Sinne: »Auch nach der Hochzeit musst du ein liebes Mädchen bleiben.«

Dabei hat uns damals niemand gesagt, dass eine Partnerschaft »Bis der Tod euch scheidet« ein endloses Ringen zwischen Romantik, Enttäuschung, Erwartung und bestenfalls Kompromissen ist. Für die Nachkriegsgeneration mag eine Versorgung eher eine Maßnahme zum Überleben gewesen sein, doch für Frauen in der Mitte des Lebens haben sich die Motive des Zusammenlebens heutzutage grundlegend geändert. Die Kinder der späten Fünfzigerjahre sind die erste Generation der Geschichte, die nicht eine Ehe unter dem Damoklesschwert des Beschütztwerdens, des Überlebens und der gesellschaftlichen Akzeptanz vollziehen müssen. Unsere Generation gönnte sich und gönnt sich den Luxus der freien Wahl. Wir haben oder hatten alle Möglichkeiten.

Galten wir noch bis vor einigen Jahrzehnten als Hausrat des Mannes, so liegt inzwischen die Kontrolle über unser emotionales, sexuelles, geistiges, berufliches und finanzielles Schicksal in unserer Hand. Da werden wir ja wohl befugt sein, unsere potenziellen Partner sorgsam zu selektieren. So lange uns ein Mann nicht absolut begehrenswert erscheint, müssen wir – aus gar keinem Grund – einen Kompromiss eingehen. Warum suchen wir uns dann den Falschen? Die Lösung ist: Was die große Liebe angeht, erheben wir immer noch den Anspruch auf Verzauberung. Und das reicht uns zunächst, bis die Verzauberung entzaubert wird.

Bitte verstehen Sie mich nicht falsch. Ich mokiere mich nicht über die Ehe als Institution. Nichts liegt mir ferner als die feministische Überzeugung, dass Männer überflüssig sind und wir Frauen ohne Mann an unserer Seite besser dastehen. Diese Märchen lasse ich mir nicht erzählen. Ich gehöre auch nicht zu all jenen, die sich glücklich schätzen, wenn sie am Wochenende allein ins Kino gehen, damit sie ihr Popcorn nicht mit jemandem teilen müssen. Ich finde es auch nicht toll, beim samstäglichen Lebensmitteleinkauf ständig nur auf Paare zu treffen, die das Wochenende miteinander teilen. Nein, ich gratuliere all jenen, die eine intakte Ehe in ihrem Leben etabliert haben, die sich nach fünfundzwanzig Ehejahren immer noch beflissen ihrer ehelichen Pflichten und ihrer Treue erinnern, die einander nie satt haben, die nie in melancholische innerlich entfernende Dämmerzustände entgleiten. Aber diese Paare gehören zu den maximal fünf Prozent der Menschheit, denen die Gnade widerfahren ist, für ein besonderes Glück auserkoren zu sein.

Aber was ist mit den verbleibenden fünfundneunzig Prozent?

Ja, das Märchen von der Heirat! In welchem Märchen hat die Prinzessin jemals zum Prinzen gesagt, sie müsse einen Heiratsantrag überdenken? Wie würden Kinder reagieren, wenn Cinderella sagen würde: »Ich glaube, ich bin noch nicht so weit?«

Dass eine Prinzessin, die geheiratet werden soll, denkt, wäre ein völlig neues Klischee, wahrscheinlich ein unpopuläres. Wir sind es gewohnt, dass sich die Heldin mit einem spontan hingehauchten: »Ich will«, dem erstbesten »Retter« an den Hals schmeißt. Ein Mädchen, das »an den Mann gebracht« werden soll, hat eben nicht zu denken. Sie hat ihren Willen an der Kirchentüre abzugeben und froh zu sein, dass sie ihrem Erlöser bis ins kühle Grab zu Diensten sein darf. So ungefähr die 50er-Jahre-Ansicht.

Eine ganze Industrie lebt auch heute noch davon, den Traum vom schönsten Tag des Lebens einer Frau zu verkaufen. Unsere Kinderträume werden ausgebeutet, bis wir davon besessen sind, ein einziges Mal ein weißes Kleid tragen zu dürfen, in dem wir aussehen wie eine gigantische Hochzeitstorte. Noch sadistischer sind die bonbonfarbenen Kleider der Brautjungfern aus Taft mit dem in passendem Ton-in-Ton eingefärbten Schuhwerk. Nicht jede hat ein Hutgesicht. Und acht Mädels in neckischen Schleierhütchen, von denen sich jede als ein Superstar fühlt, sind in

Wahrheit nichts als superpeinlich. Das kann man nun wirklich seinen besten Freundinnen nicht antun, oder?

Im Gegensatz dazu spielt der Bräutigam beim Mythos der Hochzeit auch heute nur eine Schattenrolle. Da könnte man genauso gut einen Statisten nehmen oder einen Kleiderständer. Bei so viel Trara um »unseren« Tag ist es nur verständlich, dass wir Ritual und Realität verwechseln. Gestützt wird diese ganze Illusion noch von zahlreichen »Hochzeitsmessen«, bei denen alles Notwendige bestellbar ist, Fernsehserien und Rosamunde-Pilcher-Verschnitt-Filmen.

Aber was ist, wenn die Braut dahinterkommt, dass »ihr Tag« nicht der schönste, sondern der einzige schöne bleibt? Als Frau soll man sich zufriedengeben mit einem einzigen Tag, an dem sich alles um einen dreht? Ein Tag, an dem wir Mittelpunkt der Aufmerksamkeit sind, soll unser Leben krönen? Wacht auf, Mädels, kann ich da nur sagen! Später ist der eine besondere Tag im Jahr dann sowieso maximal nur noch der Muttertag.

Wenn der Mietvertrag für die Kutsche abgelaufen und die Schwanendekoration aus Eis zur Pfütze geworden ist, verblasst der Traum, und die Braut mutiert unmerklich zum Fußabtreter. Denn was viele verwechseln, ist: Eine Hochzeit ist keine Ehe. In Zukunft wird man weder Braut noch Mittelpunkt sein. Um den einen Moment des Glanzes in Erinnerung zu behalten und sich den Glauben ans Glück zu bewahren, bedarf es offenbar tatsächlich des Beweismaterials in Form von Fotos oder Videos. Sonst verliert der große Traum viel zu schnell seine Konturen. Hochzeiten mögen heilig sein, aber wir Frauen haben mehr verdient als einen einzigen schönen Tag im Leben, oder nicht?

Wir alle haben mit Grimms Märchen im Schoß unserer Verwandten gesessen und Geschichten über hilflose Frauen konsumiert, die komatös vor sich hinvegetieren, bis der Mann des Lebens – besser: der Prinz – kam, um sie zu retten. Und wenn sie nicht gestorben sind, dann vö... sie noch heute.

Wie sollen wir jemals verdauen, dass unsere Identifikationscharaktere in Lumpen gehüllte, grau gewandete Jungfrauen sind, dazu verdammt, in der Asche zu hocken, Erbsen zu zählen, von bösen Stiefmüttern drangsaliert zu werden und als beste Freunde über Tauben nie hinauskamen? Auch das ist ein Teil von Cinderella, doch geködert hat man uns als Kinder mit der Kutsche, dem Ballkleid und dem gläsernen Schuh. Ein Reinfall.

Wir identifizieren uns noch heute mit den weiblichen Charakteren, die in Turmstuben eingesperrt wurden, bis ihr Haar so abartig lang wuchs, dass ein Mann wie ein Wilder an der Palme daran hochklettern konnte, um uns zu befreien. Schließlich musste er uns ja vor uns selber schützen, weil wir eben nicht selbst auf uns aufpassen konnten. Denn sonst stachen wir uns an langen Nadeln und fielen hundert Jahre in ein Wachkoma, bis ein perverser Prinz sich durch eine Dornenhecke kämpfte, weil ihn offenbar die blutleeren Lippen einer Scheintoten anmachten.

Noch heute geht das Märchen weiter. Wir sind die perfekte Zielgruppe für jede Seifenoper, die sich des kollektiven Bewusstseins von Frauen bedient, um Kohle zu machen und Werbung an die Frau zu bringen. Unsere Emotionen sind ein kleines Zahnrädchen im wirtschaftlichen Kosmos, das viel Geld bringt und sich gut vermarktet, und wenn wir kein Bouquet zum Valentinstag bekommen, dann bekommen wir eine Herzneurose. Wir atmen nicht – wir bekommen Panik. Liebt er mich nicht?, fragen wir uns.

Denn fast zu hundert Prozent von dem, was uns als Kind zu dem Thema »Liebe« aufgetischt wurde, ist schlichtweg falsch, alles nur Unsinn, Bullshit. Und während wir älter werden, geht die Märchenstunde weiter, stoppt noch nicht einmal vor den Frauenzeitschriften. Liebe und Emotionen sind sowieso schon kaum kalkulierbar. Und ausgerechnet über dieses fragile Thema unseres Daseins kursieren auch heute noch die fatalsten Fehlinformationen. Welchen aussichtslosen Job hat die Göttin Venus, wenn sie all diesen Müll, der über sie verbreitet wird, sortieren soll?

Und alle diese Wahrheiten habe ich nicht alleine erfunden, obwohl schon immer so empfunden, sondern aus einem guten Buch.

Schade, dass unsere Mütter uns nicht die Wahrheit sagten, dass sie uns Märchen vorgelesen und auch später nicht die Wahrheit über ihr eigenes Leben gestanden haben.

Vor diesen Hintergründen sollten wir als Frauen, die lebenslang mit dieser permanenten Illusion konfrontiert werden, wissen, welcher Mann der Richtige ist? Wie soll man das wissen, wenn wir schon vor unserem Kleiderschrank nicht entscheiden können, was wir anziehen sollen? Und dadurch erst bekommt das Hochzeitsmärchen eine Chance zum falschen Griff in den Prinzen-Teich!

8. Kapitel
Der Kampf im Job

Auch in meinem Job lief es nach meiner Scheidung nicht reibungslos, frei nach dem Motto: Ein Unglück kommt selten allein. Ich hatte bisher meist Glück gehabt mit meinen Jobs. Seit etwa zwanzig Jahren war ich bei der gleichen großen Firma tätig, und trotz Umstrukturierungen und ständiger Neuerungen konnte ich mich nicht beklagen und hatte weiter Arbeit. Zu der Zeit meiner Trennung und Scheidung hatte ich einen sehr netten und fürsorglichen Chef, der sogar meine Herzkrankheit nicht zum Anlass nahm, sich von mir beruflich zu trennen. Im Gegenteil, er war so fürsorglich, dass er für mich eine eigene Sekretärin einstellte.

Dieses Blatt wendete sich nun. Das hatte aber nichts mit ihm persönlich zu tun, sondern mit den Vorgaben. Kurze Zeit zuvor war ich mit ihm von der damaligen Arbeitsstelle in eines der Tochterunternehmen gewechselt. Dankenswerterweise hatte er mich mitgenommen. Nun hieß aber die Parole, dass keine Abteilung mehr eigene Juristen (wie mich) beschäftigen durfte, und alle juristisch Tätigen in Frankfurt zentral zusammengezogen werden sollten. Er hatte schlichtweg keine Möglichkeit mehr, mich zu »verstecken«, wie er es nannte. So kam es, dass ich, ehe ich mich versah, keine Arbeit mehr hatte, nicht mehr zu meinem Arbeitsplatz fahren durfte und zu Hause saß.

Manch anderen hätte dies gefreut, mich auch kurz nach der Geburt der Kinder, jetzt jedoch nicht. Ich hatte eine zu lange Ausbildung hinter mich gebracht und Freude an meinem Beruf und mich zu lange durchgebissen, um den ganzen Tag zu Hause zu sitzen. Natürlich, in den ersten Wochen kann das recht interessant sein, bis man zu Hause mal alles weggearbeitet hat, was sowieso schon lange liegengeblieben ist. Ich stellte mir die bange Frage: »Was wird aus mir? Werde ich noch einmal eine Chance im Beruf haben?« Diese Gedanken quälten mich parallel zu der neuen Situation nach der Scheidung und den damit verbundenen existenziellen und finanziellen Sorgen.

Eines Tages erhielt ich einen Anruf von einem Herrn in unserem Unternehmen, der mir mitteilte, er sei mein »Berater«. Er würde sich dafür einsetzen, dass ich möglichst bald eine neue Verwendung erhielte. Ich sagte ihm klipp und klar, dass ich darauf nicht warten wollte und ob er nicht in seinem Umfeld, dem Beraterwesen, eine Juristin gebrauchen könnte. Es dauerte zwei Tage, und er meldete sich und schlug mir vor, in seiner Abteilung zu arbeiten.

Ich war überglücklich. Ich hatte wieder eine Aufgabe, ein Ziel. Ich fing dort an, sehr enthusiastisch und mit vollem Elan. Wir, die sogenannten Transferkräfte, die gnädigerweise geduldet wurden, wurden in einem Drei-Personenbüro zusammengepfercht. Das kannte ich bislang nicht, und ich hatte die allergrößten Schwierigkeiten, mich auf meine Arbeit zu konzentrieren. Es ist nun leider mal so, dass ich in absoluter Ruhe am besten arbeiten kann. Das geht natürlich nicht, wenn andere Personen im Raum sind und telefonieren und sich unterhalten oder andere Dinge geräuschvoll erledigen. Aber ich musste mich beugen, wenn ich diese Aufgabe nicht verlieren wollte. Allerdings fühlte ich mich schon als Mensch zweiter Klasse.

Vielleicht ist es so, dass man erst mal in allen Hauptpunkten des Lebens ganz, ganz unten angelangt sein muss, damit es eine Chance gibt, dass die Wellenbewegung wieder nach oben geht. Schließlich ist das Leben ja insgesamt eine Wellenbewegung von oben nach unten und von unten nach oben. In China vergleicht man dies, glaube ich, mit den Gegensätzen Ying und Yang. Es ist nicht zu leugnen, dass ich gerade ganz unten angekommen war, versuchte aber, aus dieser Situation das Beste zu machen und mich nicht unterkriegen zu lassen. Hinzu kam, dass in dieser Zeit Paul gegen mich gerichtlich klagte. Am Ende hatte zwar das Gericht über den zu zahlenden Unterhalt nicht entschieden, Paul aber nutzte die Situation und erklärte mir am Telefon, dass das offizielle Ergebnis für ihn bedeutete, dass er keinen Unterhalt mehr zahlen würde. Ich war mundtot. Was sollte das? Er wollte nicht zahlen? Ich glaubte es nicht. Gut, wenn er nicht zahlen würde, würde ich es eben alleine schaffen, dachte ich mir. Das wäre doch gelacht! Ein neuer Gerichtsprozess mit allen Molesten und Unwägbarkeiten, mit dem ungewissen Ausgang, den Anwalts- und Gerichtskosten kam für mich nicht infrage, schon gar nicht, nachdem ich mir in dem vorausgegangenen Prozess eine blutige Nase geholt hatte. Und da die Geschäftsverteilung bei den Gerichten von den Anfangsbuchstaben des Nachnamens abhing, konnte ich sicher sein, beim nächsten Verfahren wieder auf die gleiche Richterin zu stoßen. Das wäre ja Selbstmord. Diese Verhandlung konnte ich mir gleich sparen, überlegte ich. Also schluckte ich die Kröte.

Zu den Belastungen, eine Scheidung gerade hinter mir zu haben und die bisherige Arbeit nicht mehr in gewohnter Form ausüben zu dürfen, kam jetzt auch noch die existenzielle Angst, wie ich das Ganze finanziell schaffen sollte.

Mit den Freunden, die mir nach der Scheidung verblieben waren, beriet ich mich, aber auch sie wussten nicht wirklich einen Rat. Also biss ich – wie schon immer in schwierigen Situationen in meinem Leben – die Zähne zusammen und versuchte einfach nur durchzukommen. Ich durchwatete diese Talsohle mit dem von mir erklärten Willen, mich nicht unterkriegen zu lassen. Paul sollte es schon gar nicht schaffen, noch einmal nachzutreten und mich im Dreck landen zu sehen. Notfalls würde ich eben noch einen Nebenjob bei einem Discounter oder sonstwo annehmen.

Inzwischen arbeitete ich auch ganztags. Das erleichterte die Sache finanziell, war aber in Bezug auf meine Tochter, die mittags nach Hause kam und noch in der Grundschule war, schwierig zu regeln. Und überhaupt: Trotz Ganztagsarbeit war oft am Ende des Geldes zu viel Monat übrig. Mein Sohn hatte zum Glück Mittagessen und Silentium in seinem Gymnasium. Ich war stets innerlich emotional hin- und hergerissen zwischen meiner Pflicht, ganztags zu arbeiten und meinem Bedürfnis, mich um meine Tochter beziehungsweise Kinder zu kümmern.

Schließlich fand ich eine Lösung: Meine Tochter konnte – gegen Bezahlung selbstverständlich – mit einer Schulfreundin mittags nach Hause gehen, dort essen und Hausaufgaben machen. Dass sie auf diesem Schulweg stets an dem Haus meiner

Mutter vorbei ging, die anderes zu tun hatte, als sich um ihre Enkelin zu kümmern, versetzte mir innerliche Stiche. Es tat weh und ich hoffte, dass meine Tochter diese unglaubliche Situation nicht zu sehr bemerkte.

Wann immer es ging und meine Stundenanzahl es zuließ, kam ich etwas früher aus dem Büro. Auch wenn eins der beiden Kinder krank war, nahm ich Urlaub oder, wenn möglich, Überstunden. Es war stets ein Drahtseilakt. So versuchte ich uns über die Runden zu bringen, so gut es ging. Ich versuchte stets eine Feuerstelle gerade zu löschen, bevor ich zur nächsten rannte.

Aber wie alle Talsohlen, so hatte auch diese einmal ein Ende. Glücklicherweise fing es irgendwann an leichter zu werden. Aber vorerst musste ich weiter zwischen voller Berufstätigkeit und Schulkindern jonglieren.

9. Kapitel
Das große Glück und der alltägliche Wahnsinn

Die eine Seite: »Mama«!!! Nichts und niemand kann dieses Gefühl toppen, wenn Sie nach einem anstrengenden Arbeitstag nach Hause kommen und zwei Kinderstimmen: »Mama«, rufen, die Kinder ihre Arme ausstrecken und ihre warmen Körper an Sie pressen. Das ist, das ist der Grund zum Leben! Das entschädigt für alle Mühe des Tages, auch des Tages oder des Restes davon, der noch folgt. Genau dafür sind wir übernächtigt, genau dafür rackern wir uns ab und gehen zusätzlich arbeiten. Dieses Gefühl ist überwältigend und unvergleichlich. Und niemand – auch nicht der eigene Partner oder Ehemann – kann einen so herzzerreißend begrüßen wie die eigenen Kinder. Genau das sind die Erlebnisse, die unser Motor sind, genau dafür lohnt es sich, weiterzumachen.

Ein anderes Erlebnis: Vor einiger Zeit musste ich wieder auf eine Dienstreise. Ich kam wieder und fand an der Eingangstür ein riesiges Plakat mit der Aufschrift: »Welcome Mummy, schön, dass Du wieder da bist«. Es ging mir das Herz auf, ich zahlte den Taxifahrer, sah das Plakat, rief ihn noch einmal zurück und zeigte es ihm, so überschwänglich war meine Freude.

Ein anderes Beispiel: Wenn sich kleine Arme plötzlich um Ihren Hals legen und ein Mündchen flüstert in Ihr Ohr: »Ich hab dich lieb, Mama.« Da gibt es nichts anderes, nichts Schöneres auf dieser Welt, als dieses Gefühl zu genießen, diese Ehrlichkeit und diese Unmittelbarkeit und Spontaneität, wie sie nur den eigenen Kindern eigen ist. Ja, dafür lohnt es sich zu leben, dafür lohnt sich der tägliche Kampf, dafür lohnt sich der Ärger und alles, was man an persönlichen Dingen zurückgestellt hat und weiter zurückstellen würde.

Die andere Seite: Wie lange ein gewöhnlicher Mutter-Arbeitstag auch sein mag, immer wird er bestimmt von den Schwerpunkten der Bedürfnisse der Kinder, der Anwesenheitspflicht am Arbeitsplatz und dem Koma, in das eine Mutter irgendwann fällt, nachdem die Kinder im Bett sind und die restliche Hausarbeit erledigt ist. Wenn eine von uns je versuchte, ein paar Extrastunden aus jedem Tag herauszuholen, was wir alle versucht haben, dann war das meist nicht mit Erfolg gekrönt. Wir erinnern uns mit Neid daran, dass Winston Churchill jede Nacht nur vier Stunden geschlafen hat und glauben es und verzweifeln, dass für uns vier Stunden viel zu wenig sind. Jedenfalls weiß ich heute, dass es ein weit verbreiteter Mythos unter Müttern ist, dass man von Müttern umgeben zu sein scheint, die jede Nacht maximal sechs Stunden schlafen, um fünf Uhr früh aufstehen, um ihr Sportprogramm zu absolvieren und ein Bio-Pausenbrot für die Kinder schmieren, bei der Fahrgemeinschaft mitmachen und danach geradewegs ins Büro düsen und dort erfolgreich sind. Wenn man nicht glauben mag, dass diese Frauen an von Schlafmangel verursachtem Größenwahn leiden, sollte man selbst versuchen, diesem Lebensstil nachzueifern. Früher oder später muss man aber feststellen, dass dies die pure Veräppelung ist. Ich jedenfalls bin der festen Überzeugung, dass jeder Mensch, der nicht mindestens sieben bis acht Stunden pro Nacht schläft, ein potenzieller Massenmörder ist.

Um mal ehrlich zu sein: Diese Super-Mütter gibt es in Wirklichkeit gar nicht. Sie sind Meisterinnen im Verstellen und im Vorgaukeln, was sie alles parallel bewältigen können. Aber die Wahrheit sieht anders aus.

Natürlich gibt es die Frauen, die morgens die Kinder in der Schule abliefern, in deren Autos keine Sonnenblumenkerne und leeren Coladosen verstreut liegen, die selbstsicher weiterfahren, aber die sind dann zum größten Teil nicht berufstätig. Sie finden sogar die Zeit, um in Yoga-Kurse zu gehen.

Ich weiß nicht, wie es Ihnen geht, aber nachdem ich fast anderthalb Jahrzehnte meine Schlafenszeiten nach meinen Kindern und meinem Büro gerichtet habe, bin ich zu einem veritablen Faultier geworden. Egal, wie lange ich geschlafen habe, ich wache jeden Morgen mit dem Gedanken auf, dass ich heute auf keinen Fall aufstehe und dass alles nicht so wichtig ist. Natürlich, nachdem die erste Dämmerphase des Wachwerdens vorbei ist, entschließe ich mich, meine Pflichten wie jeden Tag zu erfüllen, und das pünktlich. Und ich finde meine Gedanken beim Aufwachen auch völlig legitim. Was ist denn dabei, wenn ich mich vor einem Tag fürchte, an dem ich schneller herumrenne als ein kopfloses Huhn, bis ich am Abend wieder in mein geliebtes Bett falle?

Schlaf ist »das einzige Glück, das man erst genießt, wenn es vorüber ist«, beschrieb ein Herr namens Alfred Polgar den Schlaf in einem Zeitungsartikel.

Gerade mit kleinen Kindern, aber auch, wenn sie größer werden, ist Schlaf das größte Gut, das es zu erringen gilt. Wem muss ich von Augen erzählen, die mit Schatten umrandet sind, größer als der Nürburgring? Keinem, der jemals Kinder großgezogen hat. Mangelnder Schlaf ist zudem eine bewährte Foltermethode. Versuche mit Mäusen haben angeblich bewiesen, dass, wenn man ihnen den Schlaf raubt, sie innerhalb von vier Wochen sterben. Das konnte ich damals, als meine Kinder noch Babys waren oder in der frühen Kleinkindphase, gut nachvollziehen. Mangelnder Schlaf ist der Terror pur.

Dabei haben Wissenschaftler schon längst herausgefunden, dass gesund und genussvoll schlummert, wer seinem individuellen Schlafbedürfnis nachgeht. Das Vorurteil der »faulen« Langschläfer, der »fleißigen« Frühaufsteher, der »verlotterten Nachteulen« hält sich indes hartnäckig. Dies alles sind veraltete Etiketten, die darüber hinwegtäuschen, dass jeder Mensch einen individuellen Tagesrhythmus hat.

Berühmte Männer wie Goethe und Einstein schliefen leidenschaftlich viel, Einstein bis zu zehn Stunden, während Edison und Napoleon mit zwei bis vier Stunden Nachtruhe auskamen.

Warum wir zwingend schlafen müssen, konnte die Schlafforschung bislang nicht erschöpfend beantworten. Fest steht jedoch: Ohne Schlaf kann der Mensch nicht leben. Grund ist unter anderem, dass Schlummern wie eine Reparaturwerkstatt funktioniert. Das Immunsystem wird gestärkt, Zellen werden regeneriert und Energievorräte aufgefrischt. Na bitte, da haben wir 's!

Aber was macht man nicht alles für seine Kids! Ich habe zum Beispiel eine Freundin, die mich lange Zeit vorzugsweise aus ihrem Auto anrief oder, wenn von zu Hause aus, ständig von ihrem Nachwuchs unterbrochen wurde. Sie hatte drei Teenager, die unglücklicherweise – für sie selbst – sehr sportlich veranlagt waren. Sie waren so gut, dass sie sie quer durch Deutschland chauffieren musste, damit sie gegen die besten Sportler des Landes antreten konnten. Das bedeutete, dass sie nicht nur Baseballschläger und -handschuhe, Bälle und Kleidung zum Wechseln in ihr Auto laden, sondern auch ansonsten für den Fünf-Personen-Haushalt kiloschwere Wasserkästen und sonstiges Essbare herankarren musste. Und was machte sie? Auch sie nahm alles klaglos hin. Keine meiner Freundinnen, weder diese noch andere oder ich selber, lehnten sich gegen die Anstrengung unseres Lebens auf. In vielerlei Hinsicht genossen wir gerade die erfüllteste und anregendste Zeit unseres Lebens, die mit der Aufzucht unserer Nachkommen verbunden war. Es waren auch nicht die Nachkommen, sondern es war die Gesamtheit aller Faktoren, die uns wirklich zu schaffen machte. Wir wollten nichts aufgeben, aber wir wussten alle, dass wir viel mehr auf Achse waren, als gut für uns war oder wir auch nur ertragen konnten.

Und warum? Es war nicht nur die mütterliche Liebe, die Verantwortung gegenüber der Familie, die uns schneller laufen ließ als ein Hamster jemals im Rad. Ich will damit nicht sagen, dass wir es uns alle auf dem Liegestuhl im Garten hätten bequem machen sollen, um sämtliche vom Buchclub empfohlene Bestseller zu verschlingen. Schließlich hatten wir Menschen, die von uns abhängig waren, Jobs und mussten Geld für den Familienunterhalt verdienen. Warum hetzten wir uns täglich ab, statt in Form zu bleiben für ein Leben, das schließlich – drei Mal auf Holz geklopft – noch mindestens dreißig Jahre dauern sollte? Nein, wir waren nicht so verblendet vom Muttersein, dass wir jeden anderen Aspekt des Lebens aus den Augen verloren, der wichtig für uns hätte sein können. Das glaubte ich jedenfalls. Vielmehr wollten wir, dass es unseren Kindern gut ging, dass sie alle Möglichkeiten hatten, die wir nicht hatten, dass sie uns so sehr liebten, dass sie es nie wagen würden, üble Dinge über uns zu sagen, die wir unseren Eltern zwar nicht an den Kopf geworfen haben, aber zumindest gedacht hatten.

Waren die Eltern früherer Generationen genauso? Ich glaube nicht, aber ich kann nicht definitiv für die frühere Generation sprechen. Was früher anders war, war, dass es fest definierte Regeln und Verhaltensmuster gab, und zwar fester und definierter als heute. Zwar gingen auch damals manche Mütter Berufen außer Haus nach, aber es waren bei weitem nicht so viele wie heute. Und die Ehen hielten länger. Und, was vielleicht noch wichtiger war, in vielen Fällen war die ganze Nachbarschaft eine Gemeinschaft, die die Eltern in der Sorge um ihre Kinder und deren Wohlergehen unterstützte. Bei diesem Thema bin ich der Meinung, dass unser Leben weitaus angenehmer wäre, wenn wir heute mehr Unterstützung hätten in Form einer ganzen Armee von Blutsverwandten, die alle in der Nähe wohnen, so dass wir die Kinder aus dem Haus und zur Oma und zur Tante scheuchen könnten, wenn wir mal krank sind und uns in Ruhe auskurieren wollen.

Außerdem würde es uns auch nicht schaden, ein paar weise Frauen um uns zu haben, die uns in Schach hielten, wenn wir kurz vor dem Ausflippen stünden.

Aber so ist es leider nicht. Und abgesehen von den Fahrgemeinschaften, für die Hobbies der kleinen Kinder ist jede Mutter letztlich heute eine Einzelkämpferin. Dies umso mehr, wenn sie noch wagt, berufstätig zu sein und in den Augen der zweiten Hälfte der Mütter, nämlich der nicht berufstätigen, eine Rabenmutter ist. Die Solidarität und Unterstützung solcher Frauen kann man sich dann gleich abschminken. Hinzu kommt der Neidkomplex, der entsteht, wenn derartige »Nur-Hausfrauen«, was ja in keinem Fall die Bezeichnung trifft, vor Neid erblassen, wenn man morgens gestylt ins Büro abdüst. Welche Arbeit und welche persönliche Disziplin dahinter liegen, gegen sieben Uhr dreißig im fertigen Bürooutfit mit schreienden Kleinkindern in ein Auto zu steigen und sie zuerst in den Kindergarten oder Schule zu transportieren, um ab acht Uhr voll konzentriert in der ersten Besprechung zu sitzen, das werden wohl nur die unter Ihnen nachvollziehen können, denen es ähnlich ergangen ist oder geht.

Und: Ich war neidisch, neidisch auf die »Fulltime-Mütter«, die jede Menge Zeit, die ganzen ersten Lebensjahre ausschließlich mit ihren Kindern verbringen können, neidisch auf die, die sich nicht täglich zwischen Kindern und Job teilen müssen, die sich erlauben können, im Kleiderschrank nichts anderes zu haben außer Jeans und überdimensionalen Pullis, die bis zu den Knien gehen, und die nicht vom ewig schlechten Gewissen ihren Kindern gegenüber gepeinigt werden.

Als berufstätige Mutter musste ich einige Dinge klarstellen, erst gegenüber der Kinderfrau, dann später gegenüber meinen Kindern. Es galt ein paar wichtige grundsätzliche Fragen zu klären, zum Beispiel: Wann wird SOS gefunkt, oder mit anderen Worten: Wann darf man die Mama an ihrem Arbeitsplatz anrufen?

Es gibt Notfälle, daran besteht kein Zweifel. Aber für diese Notfälle müssen Richtlinien aufgestellt sein. Ehe ein Kind seine Mutter am Arbeitsplatz anrufen darf, muss es sich fragen:

Fällt die Mama tot um, wenn sie das hört?

Wird sie nachmittags gegen 17.00 Uhr noch einen Installateur auftreiben?

Wird sie ihre Drohung wahr machen, in eine andere Stadt ziehen und ihren Namen ändern?

Lauten die Antworten in der entsprechenden Reihenfolge »Ja«, »Nein«, »Ja«, so sollte jedes Kind versuchen, die Katastrophe in der richtigen Perspektive zu sehen.

Ein paar Beispiele: Wenn jedes zweite Kind in der Nachbarschaft beschließt, das Haus Ihres Kindes sei ein prima Spielplatz, weil kein Erwachsener stört, so sollte sich Ihr eigenes Kind überlegen: Lohnt sich eine Freundschaft mit einem Kind, das mit Eiswürfeln nach dem Kanarienvogel zielt? Wird Mama merken, dass wir mit ihrem Stabmixer Konfetti gemacht haben? Auch bei anderen Fragen sollten Ihre Kinder in der Lage sein, zu entscheiden. Wenn ein paar Nachbarskinder beschließen, die Katze zu waschen und hinterher in den Trockner zu tun: unbedingt anrufen, und zwar umgehend!

Falls sich Ihr Nachwuchs gegenseitig mit der letzten Flasche Limo ohrfeigt und vors Schienbein tritt, und einer von ihnen wünscht eine Entscheidung auf höchster Ebene, wer sie austrinken darf: NICHT ANRUFEN!

Ein paar Männer fahren mit einem Lieferwagen vor und erzählen dem Kind, die Mama ließe den Fernseher neu polstern, das Besteck zur Bank bringen, den Schmuck reinigen und das Fahrrad mit der Zehn-Gang-Schaltung ölen: ANRUFEN, und zwar so schnell wie möglich!

Und das Wichtigste: Wenn Ihr Sprössling sich langweilt und nichts zu tun hat und sich nur ein bisschen unterhalten möchte: PAPA ANRUFEN!

Aber auch, wenn Sie zu Hause sind, empfiehlt sich ein »Leitfaden für Kinder«, in dem Sie festlegen, was man von Ihrem Nachwuchs erwartet. Er könnte etwa so aussehen:

Das ist ein Haus. Fahrzeuge haben in einem Haus nichts zu suchen, keine Bobbycars, keine Fahrräder. Mehr als zweihundert Leute passen in dieses Haus nicht hinein, sonst droht Einsturzgefahr. In diesem Haus lebt eine Katze. Sie heißt Mandy. Sie möchte auf gar keinen Fall gebadet und getrocknet werden Auch Schwanzhaare ausrupfen mag sie nicht.

Essen macht Spaß. Siehst Du die Milch, die Butter, die Schokolade, die Chipstüte? Sie alle können nicht laufen. Sie haben keine Beine. Wenn man sie geholt hat, muss man sie in die Hand nehmen und wieder dorthin zurücktun, wo sie waren.

Hörst Du das Telefon klingeln? Es bedeutet, das jemand mit Dir oder mit mir sprechen will. Wenn das Telefon klingelt, nimm den Hörer ab und sprich direkt hinein. Sag: »Hallo«, und Deinen Namen. Höre Dir an, was derjenige zu sagen hat. Wenn es für die Mama ist und sie ist nicht da, schreibe die Nummer auf oder den Namen, am besten beides. Sag höflich: »Auf Wiederhören.«

Mamas Schlafzimmer ist ein besonderer Raum. Es gibt nichts darin, was Dich zu interessieren hätte, schon gar nicht der Inhalt des Kleiderschranks. Mamas Bett ist kein Trampolin!!!

Mama ruft Euch eine halbe Stunde, bevor sie nach Hause kommt, an. Schaut, dass Ihr das Chaos bis dahin beseitigt habt. Sonst schaut sie sich umgehend nach dem nächsten Internat um. Also! Dann reißt Euch zusammen!!!

Die Liste ließe sich beliebig verlängern, aber dann würde sie ja nun kein Kind mehr lesen.

Jetzt werfen Sie mir bloß nicht vor, ich hätte kein Verständnis für meine Kinder. Habe ich. Und kenne sie. Und deshalb sind solche Regeln erforderlich. Natürlich habe ich manche Dinge nie verstanden, zum Beispiel, wie ein Kind aufs Dach klettern kann, dort die Katze retten kann, aber im Flur nicht entlang gehen kann, ohne sich mit schmuddeligen Händen an beiden Wänden abzustützen. Oder aber, wie ein Kind schmutzigen Schnee essen, die Katze auf die Schnauze küssen, einen im Aschenbecher gefundenen Kaugummi kauen, das erdverschmierte Ende eines Gartenschlauchs in den Mund nehmen kann und sich weigert, aus demselben Glas zu trinken wie sein Bruder oder die Schwester. Außerdem stehe ich vor einem Rätsel, wie ein Kind aus drei Kilomater Entfernung eine Tafel Schokolade erkennen kann, aber nicht sieht, dass es einen großen Teppich faltig getrampelt und durch zwei Zimmer verkehrtherum mit sich rumgeschleppt hat.

Hatten Sie schon mal dieses Phänomen? Wie kommt es, dass wir als Mütter an allen möglichen und unmöglichen Stellen, in der Küche, im Bad, unterm Kaffeetisch, im Auto, im Wäschekorb vor der Waschmaschine über Kinderschuhe stolpern, aber nie einer zu finden ist, wenn Sie Ihren Nachwuchs auffordern, das Spielzeug im Garten wegzuräumen?

10. Kapitel
Schuster bleib bei deinen Leisten

Immer freitags war in der »Auffanggesellschaft« wöchentliches Meeting, der sogenannte *Jour fix*, Im Grunde genommen ein Scheiß-Tag dafür. Jeder war schon mental im Wochenende und sollte dann noch mal Rapport über die Woche ablegen, was er geleistet hatte – in meinen Augen unnötiger Stress. Hätte man doch montags machen können. Aber es war so entschieden, und man musste sich danach richten. In diesen Freitagsmeetings sind wir unter anderem auch die Listen der Beschäftigten durchgegangen, die Arbeit suchten, das heißt also derjenigen, die in der Auffanggesellschaft Beschäftigung suchten. Aber was viel interessanter war, es wurden auch die Listen durchgegangen, wo es im Konzern freie Jobs gab.

Schließlich fiel mir dabei eine Chance in Köln bei einer neu gegründeten Tochtergesellschaft auf. Dort suchten sie unter anderem einen Leiter/eine Leiterin des Ressorts »Recht«. Ich dachte mir, schlecht klingt das nicht, traute mich aber nicht, mein Interesse öffentlich zu bekunden. Was wäre, wenn ich mich dort vorstellen würde, aber nicht genommen würde? Das ließe für meine jetzige Tätigkeit kein gutes Licht auf mich fallen.

Ich schlief ein paar Mal darüber und entschied mich, zwar nicht meinen persönlichen Berater, aber einen anderen Beraterkollegen unserer Abteilung mal zu der Aufgabe zu befragen. Mit ihm hatte ich von Zeit zu Zeit ein paar persönliche Worte gewechselt.

»Tja, das wäre eine gute Stelle für dich«, antwortete er auf meinen vorsichtigen Versuch des Nachfragens. »Soll ich den Kontakt dahin vermitteln, ich meine inoffiziell, nicht als dein Berater?«

»Ja, danke«, war meine Antwort, und ich zerschmolz ob so viel Hilfsbereitschaft. Kurze Zeit später, nachdem meine Unterlagen in Köln eingetroffen waren, hatte ich schon den ersten persönlichen Vorstellungstermin. Mein Beraterkollege begleitete mich.

Das sah besser aus und sollte meine Wichtigkeit hervorheben. Das Gespräch lief super, am Ende dessen war klar, dass ich die Auserwählte war. Dann erklärten sie mir die Konditionen: Vierzig-Stunden-Woche, die Höhe des Gehalts, kein Dienstwagen.

Ich bat um Überlegungszeit. Ganz schön dreist, wenn man schon einen Fast-Traum-Job angeboten bekommt, aber ich musste kalkulieren, und das tat ich in den nächsten Tagen, wog kühl ab: Vierzig Stunden waren kein Pappenstiel, schon gar nicht bei zusätzlicher Fahrzeit von rund vier Stunden täglich, aber auch nur, wenn alles glatt lief. Andererseits war die Aufgabe Pionierarbeit, und das reizte mich. Aber das Gehalt war für die Verantwortung nicht schlecht, jedoch auch nicht gerade das Non plus ultra, jedenfalls nicht in meiner Situation, wo das Geld für mehrere reichen musste. Zusätzlich hatte ich noch die Kosten für Benzin und Verschleiß des Autos.

Ich sprach mit dem Beraterkollegen, der alles eingetütet hatte. Er wollte mich sichtlich in diesen Job drängeln. Das wäre für ihn ein Erfolgserlebnis gewesen.

Etwas machte mich stutzig. Ich überlegte noch einmal: Bei den Arbeits- und Fahrzeiten hatte ich kaum die Chance, täglich vor zwanzig oder einundzwanzig Uhr zu Hause zu sein – im günstigsten Fall, wenn nicht noch Abendtermine anstanden. Und was sollte mit den Hausaufgaben, mit den Sorgen der Kinder werden und dem ganzen anderen alltäglichen Wahnsinn, die in einem Kinderhaushalt anfielen? Dafür würde dann keine Zeit mehr sein, und – das war das Entscheidende für mich – ich würde dafür auch keine Power mehr haben. Denn schließlich hatte ich weder einen Hausmann, der um zwanzig Uhr alles mit den Kindern geregelt hatte und mir das warme Essen vor die Nase setzte noch sonst jemanden, der mich irgendwie unterstützte. So ging das also nicht. Na klar, mit meiner Entscheidung für die Scheidung hatte ich mal wieder die Arschkarte gezogen, sagte ich mir.

»Nein, stimmt doch gar nicht«, spukte in mir mein Teufelchen. »Selbst wenn du noch verheiratet wärst, könntest du diesen Job nicht machen, du wärst es doch nach wie vor, die deinem Mann den Rücken freihielte!«

Ich dachte nach: Stimmt! Das Teufelchen hatte recht. Also lag es gar nicht an meinem Familienstand »Geschieden«, sondern allein an der Tatsache, dass ich Frau und Mutter war. Eigentlich sollte diese Spezies »berufstätige Mutter« entweder in die Höhe gehoben werden oder in unserer Gesellschaft auch endlich den Status einer Minderheit erlangen mit allen Vorzügen, vielleicht auch mit Extraplätzen in Tiefgaragen. Dort haben inzwischen nicht nur Behinderte und Frauen, sondern – wie ich neulich in einer Bonner Tiefgarage feststellen musste – auch bestimmte Automarken ihre reservierten Flächen, zum Beispiel der Smart. Unglaublich! Demnächst gibt es dann noch die Opel-Parkplätze. Na dann bitte, warum nicht auch die »berufstätige-Mütter-Plätze?« Hätte doch was! Nein, war ein Scherz. Ich möchte nicht den Eindruck vermitteln, ich sei eine lila-Latzhosen-Tante, bin ich nämlich ganz und gar nicht. Nicht nur, dass bestimmte berufliche Positionen per se von vorneherein für Frauen verschlossen waren, das war die eine Tatsache. Die andere war, dass manche Tätigkeiten einfach nicht in Betracht kamen, wie in meinem Fall geschildert, weil einfach zu wenig Zeit für die Kinder blieb. Nur, dass mir das Letztere bis vor einigen Tagen nicht bewusst war. Es blieb also eine doppelte Diskriminierung. Ich brauchte kurze Wege und möglichst auch flexible Arbeitszeiten. Na dann – wie wär 's anders möglich – siegte meine familiäre Verantwortung. Ich schlug den Job aus und blieb weiter in der Auffanggesellschaft.

Aber dann kam 's noch, das dicke Ende: Mein lieber Berater-Kollege, der mich nach Köln begleitet hatte, wollte mich schön zum Essen einladen. Wir trafen uns in einem noblen Hotel mit guter Küche, wo er die Woche über wohnte, aßen nett und saßen anschließend in der Piano-Bar bei einem Drink. Natürlich wollte ich, dass er weitere Jobs für mich ausgrub und zeigte mich optisch und auch sonst von meiner Schokoladenseite. Auf eine kleine Andeutung von mir wurde er ernst. In unmissverständlichen Worten und Tönen machte er mir klar, dass seine Dienstleistung nicht umsonst zu haben sei und dass ich noch etwas »abzuzahlen« habe. Ups, was war das? Hatte ich falsch gehört?

Nein, er meinte es anscheinend ernst: »Entweder gehst du

jetzt mit mir nach oben oder du kannst andere Jobs vergessen!« Das war eindeutig, selbst für mich naive Kuh. Und jetzt? Ich saß in der Klemme. Natürlich wollte ich aus der Auffanggesellschaft unbedingt heraus, und das wusste er nur zu gut. Plötzlich keimte Wut in mir hoch. Wie nennt sich das im Strafgesetzbuch, wenn auch altersmäßig in anderem Zusammenhang? Unzucht mit Abhängigen! Der Kerl spinnt ja wohl, dachte ich. Wo waren wir denn? Auf dem Strich? Unglaublich! Was bildete der sich denn ein? Ich wurde richtig wütend, und wenn das so ist, reagiere ich manchmal nicht so, dass ich später die Konsequenzen abfedern kann. Und ich sagte, was ich dachte: »Für einen Mann wie dich ist für solche Fälle gesorgt. Ich empfehle dir, hier eine Professionelle an der Theke abzugreifen oder einen Ausflug ins Rotlicht-Millieu.« Dabei stand ich hoch erhobenen Kopfes und so königlich es eben ging, auf, versuchte meinen Zorn im Zaun zu halten und verließ die Bar und das Hotel. Natürlich habe ich von diesem Idioten nie mehr was gesehen oder gehört. Und ich blieb erst mal weiter in der Auffanggesellschaft.

11. Kapitel
Licht am Ende des Tunnels

Einige Zeit später fiel mir in dem Freitags-Meeting der Auffanggesellschaft eine Option auf, die per Beamer an die Wand projiziert wurde wie alle offenen Stellen im Konzern. Es wurde ein Redakteur/eine Redakteurin für die Mitarbeiterzeitung gesucht, möglichst mit juristischem Hintergrund. Als dieser Punkt aufgerufen wurde, schaltete ich mich ein und sagte, dass ich an dieser Tätigkeit Interesse hätte. Sie forderte mich heraus. Redaktionsarbeit reizte mich, obwohl ich nicht wusste, warum. Ich hatte schon früher während meiner Ausbildung eine Reihe schriftliche Auftragsarbeiten angenommen. So habe ich mir am Ende meiner Referendarzeit, in der ganzen Zeit, in der ich auch nebenberuflich für zwei Verbände schrieb, durch Aufträge zur Erstellung von zwei Broschüren meine Einbauküche finanziert, die ich heute noch habe. Das Schreiben lag mir, das wusste ich. Allerdings war ich in der Redaktionstätigkeit für eine Zeitschrift unerfahren. Wie auch immer, es klappte. Ein netter Mitarbeiter meiner Abteilung stellte mich dem Leiter der Redaktion, dem Chefredakteur, vor. Er war ein sehr eloquenter und netter Herr, quasi ein aussterbendes Fossil in diesem Unternehmen. Wir hatten nicht nur die gleiche Ausbildung, sondern auch ein sehr angenehmes erstes Gespräch und am Ende stand fest, dass er mich nehmen würde, obwohl die Redaktion in Wiesbaden war und ich selbst aus Bonn nicht weg konnte.

Wir trafen ein Arrangement, mit dessen Hilfe ich von Bonn aus für Wiesbaden arbeiten konnte und jede Woche einmal zur Redaktionssitzung dorthin fahren würde. Sehr großzügig! Ich war überglücklich. Endlich war ich aus dieser Auffanggesellschaft heraus, und endlich hatte ich wieder die Reputation, die ein normaler Job mit sich brachte. Und ich hatte ein Super-Büro ganz für mich alleine mit einem traumhaften Blick über das gesamte Siebengebirge. Ich begann diese Arbeit mit Feuereifer, lernte, meine juristischen Sätze und Ausdrucksweisen ganz hinten anzustellen und anders zu formulieren. Bandwurmsätze, die Juristen eigen sind, waren in der Redaktionstätigkeit nicht wirklich gefragt, Passivkonstruktionen auch nicht. Es galt, lesergerecht die Sachverhalte darzustellen, sodass sie jeder wirklich erfassen konnte und das in einer ganz neutralen Form, nicht gefärbt, nicht polemisch und schon gar nicht mit eigener Meinung versehen. Ich hatte ein Einführungsseminar, ein Einzel-Coaching, und es war sehr erfolgreich. Ich glaube, ich habe die Dinge gut umgesetzt und ich kam schnell ins Thema. Durch diese Tätigkeit in der Redaktion, die es heute in dieser Form leider nicht mehr gibt, hatte ich den Sprung aus der Auffanggesellschaft geschafft. Ich war quasi der »Brückenkopf« der Redaktion in Wiesbaden zur Konzernzentrale in Bonn.

Ich besuchte für meinen Vorgesetzten dann auch sämtliche in Bonn stattfindenden Termine, die er nicht selbst wahrnehmen konnte. Es hat mir große Freude gemacht. Die Aufgaben waren vielschichtig. Mal ging es um Artikel, mal um Interviews. Bei den Abstimmungen mit den Fachseiten lernte ich viele interessante Leute kennen. Das Verhältnis zu den anderen Redakteuren war kollegial. Wir lasen wechselseitig unsere Artikel und machten Verbesserungsvorschläge, bevor wir sie freigaben. Natürlich war es auch ein brisanter Job. Denn wir mussten uns an der jeweils »angesagten« Richtung orientieren. Den Tritt ins berühmte »Fettnäpfchen« galt es unbedingt zu vermeiden. Für mich war stets die Berichterstattung über den Inhalt von Veranstaltungen eine große Herausforderung. Auch hier galt es, ein sensibles Gefühl dafür zu entwickeln, was ich berichten konnte und was nicht. Zudem war es anfangs für mich manchmal schwierig, bei sehr trockener Materie eine spannende Überschrift oder Teaser zu finden, die die Leser neugierig aufs Weiterlesen machten. Aber mit der Zeit gelang mir auch das.

12. Kapitel
Immer etwas Neues ...

Umso größer war der Schock, als ich rund zwei Jahre später von meinem Chefredakteur, der mich eingestellt hatte, erfuhr, dass diese Redaktionstätigkeit für alle dort tätigen Mitarbeiter wohl bald ein Ende hätte. Er selbst habe ein gutes Angebot bei einer anderen Tochtergesellschaft. Er würde auch mir dringend anraten, meine Fühler auszustrecken.

Die Redaktion würde wohl geschlossen werden. Die Zeitung war dem Unternehmen zu teuer, der Schock saß. Ich konnte mich noch gut an meine Tätigkeit in der Auffanggesellschaft erinnern, und ich wusste eines: Dahin wollte ich nie wieder zurück. Also tat ich das, was jeder in meiner Situation getan hätte: Ich nahm das Angebot meines Chefs, mir bei der Suche einer neuen Tätigkeit behilflich zu sein, gerne an. Ich war erfreut, dass er anscheinend meine Arbeit bisher so geschätzt hatte, dass er dies tat.

So dauerte es nicht lange, und er informierte mich über eine Ausschreibung. Es sollte eine Stelle am exponierten Kern des Unternehmens sein. Auf die Intervention bzw. Hilfe meines Vorgesetzten hin erhielt ich einen Vorstellungstermin für diese ausgeschriebene Stelle als Stabsjuristin. Das Vorstellungsgespräch lief – wie alle entscheidenden Ereignisse in meinem Leben – an einem sehr heißen und schwülen Sommertag. Meine Mutter lag mit ihrer ersten Krebsoperation im Krankenhaus und war auf der Intensivstation untergebracht und es war nicht sicher, ob sie diesen Tag überleben würde. Was ich machte, machte ich gründlich. Ich habe stets Vorstellungsgespräche unter extremen Bedingungen erlebt.

Das Vorstellungsgespräch verlief so, dass ich, als ich den Raum verließ, dachte, dass ich diese Stelle niemals bekommen würde. Es saß ein Gremium von fünf Herren und Damen vor mir, die mir abwechselnd Fragen stellten. Ich konnte nicht erkennen, wer die wichtigste Person und wie die Hierarchieebene war.

Eine Frage in diesem Gespräch hat mich doch sehr irritiert. Sie lautete: »Stellen Sie sich vor, rein jobmäßig gesehen säßen

Sie in einem Heißluftballon und würden aus diesem heraus nach unten schauen und grüne Wälder sehen. Was würden Sie tun, um die speziellen Baumarten zu erkennen?«

Ich weiß nicht, ob es die große Hitze war oder meine Schlaflosigkeit aufgrund der Situation meiner Mutter, jedenfalls glaubte ich, dass ich diese Frage nicht richtig verstanden hätte. Ich glaubte, ich hätte Halluzinationen. Was sollte denn der Quatsch? Nein, aber diese Frage war tatsächlich im Raum. Und ich musste antworten. Was konnte ich antworten?

Ich fand diese Frage so abstrus, dass ich ganz spontan Folgendes sagte: »Ich kann mir, beruflich betrachtet, nicht vorstellen, in einem Heißluftballon zu sitzen, weil ich im Beruf stets mit beiden Beinen auf der Erde bin. Aus diesem Grund kann ich Ihnen auch nicht sagen, wie man am besten, aus einem Heißluftballon heraus betrachtet, die Baumarten sortiert.«

Ob das nun die richtige oder falsche Antwort war, vermag ich nicht zu beurteilen, denn meine Worte wurden nur schweigend zur Kenntnis genommen. Jedenfalls bekam ich den Job. Ich war sehr erstaunt. Dass ich besser auf mein Bauchgefühl hätte hören und dort nicht hätte anfangen sollen, merkte ich leider erst, als ich bereits begonnen hatte, dort zu arbeiten. Denn schon am ersten Arbeitstag wurde ich meinem neuen Vorgesetzten vorgestellt: »Das ist Frau X, sie ist die Mutterschutzvertretung für Frau Y.«

Ich traute meinen Ohren nicht. War ich im falschen Film? Mir wurde Frau Y im Vorstellungsgespräch sogar als die für mich zuständige juristische Unterstützung genannt. Ich hatte mich doch nicht als Vertretung, sondern auf eine feste, freie Stelle beworben! Außerdem dauerte es mit meinem Vertrag. Ich arbeitete bereits vier Monate dort und hatte immer noch nichts Schriftliches in den Händen. Nach ständiger Intervention bei meinem Chef bekam ich dann keinen Vertrag, sondern einen »Letter of Intend«, eine Absichtserklärung mit dem schwammigen Inhalt, dass vorgesehen sei, mich einzustellen. Das schlug dem Fass den Boden aus! Und das, obwohl ich mir im wahrsten Sinne des Wortes die Lunge aus dem Hals gearbeitet hatte. Nicht selten kam mein Boss abends gegen 20.00 Uhr in mein Büro und erklärte: »Hallo, Frau X, mit dem schönen Fernsehabend wird heute nichts, ich habe noch etwas Dringendes.« Dieses »Dringende« schlummerte manches Mal – nachdem ich es erledigt hatte – bis zum »St.-Nimmerleins-Tag« vor sich hin.

Dennoch hielt ich durch. Ich hatte keinen Vertrag, aber zurück in die Redaktion konnte ich nicht mehr. Denn sie war aufgelöst. Mein ehemaliger Vorgesetzter konnte mir nicht helfen, er hatte selbst gewechselt und musste kämpfen. Also wieder auf zur Jobsuche! Hörte das denn nie auf, fragte ich mich.

Aber ich hatte wieder Glück. Kurz nachdem die Dame, deren »Vertretung« ich offiziell leistete, wovon ich nicht ausgegangen war, aus dem Mutterschutz zurück war, erhielt ich ein Angebot, das zur rechten Zeit kam. Denn die bisherige Arbeit war mittlerweise unerträglich. Ich erhielt die Chance, in eine andere, »feste« Stabsfunktion zu wechseln, und ich nahm sie gerne an. Dort wartete eine schöne Aufgabe auf mich: ein Mix aus juristischer Arbeit – wobei jeder Fall anders war, sehr interessant – und Redakteuraufgaben.

13. Kapitel

Der Fall ins Bodenlose

Ich fiel, fiel immer tiefer, immer schneller, um mich herum nur Dunkelheit. Ich konnte nichts erkennen und dachte im Fallen: Gleich wirst du aufschlagen!

Schweißgebadet wachte ich auf, mit zittrigen Händen machte ich mein Nachttischlicht an. Ich setzte mich auf. Mein Herz raste. Ich schaute auf den Wecker. Es war vier Uhr früh. Schon wieder dieser Traum, dachte ich. Meine Haare waren patschnass und alles, was ich anhatte. Meine Katze sprang aufs Bett und leckte mir die Hand. Katzen sind ja so überaus sensibel. Sie merken sofort, wenn ihr Dosenöffner etwas hat, ihm es nicht gutgeht. Ich drückte meine Katze und fragte mich, warum ich diesen Traum nicht los wurde. Ständig kam er wieder, mittlerweile zwar viel seltener als früher, aber dennoch stetig.

Ich erinnere mich, das erste Mal hatte ich diesen Traum nach einem schrecklichen Abend mit Paul vor meiner Scheidung. Es war so ungefähr ein halbes Jahr nach meiner Herzgeschichte, und er hatte seit dieser Zeit in Düsseldorf seinen Wunsch-Job: die Verantwortung als Geschäftsführer, ein gutes Gehalt und einen Dienstwagen, sodass wir von der Last des vollen Unterhalts für ein zweites Autos befreit waren. Seit er den Job hatte, hatte er zwischendurch immer wieder gemault und gejammert, dass seine Sekretärin, die schon bei seinem Vorgänger gearbeitet hat, sich zu viel rausnahm. An diesem Abend platzte er nun ohne Vorwarnung heraus: »Ich habe gekündigt.«

»Waaas?«, fragte ich und dachte, ich hätte nicht richtig gehört.

»Ja, ich habe heute das Kündigungsschreiben weggeschickt.«

Ich wusste nicht, was ich sagen sollte. Das war doch wohl nicht möglich! Jetzt hatte er gerade mal seit einem halben Jahr den Job, den er immer haben wollte bzw. die Probezeit überstanden und schmiss alles hin? Ich fragte: »Und nun?«

»Ist mir doch egal«, meinte er. Egal? Das war egal? Ich wurde richtig sauer. Nicht nur, dass er mir vorher nichts über seine

Absichten, zu kündigen, gesagt hatte und mit mir nicht darüber gesprochen hatte, sondern er hatte sich wohl auch kein Fünkchen Gedanken darüber gemacht, wovon wir leben sollen. Die Kinder waren klein, und ich hatte einen Halbtagsjob, den ich nicht auf Zuruf auf einen Full-Time-Job erhöhen konnte, weil bei mir im Betrieb Personalabbau das Gebot der Stunde war.

So ruhig wie möglich fragte ich: »Hast du dir dabei auch überlegt, wovon wir leben sollen?«

»Tja, dann wirst du wohl mehr arbeiten müssen!«

Ich? Ich, die sowieso mit halbem Job, zwei kleinen Kindern, dem ganzen Haushalt und einem Pascha von Mann total überfordert war? Na, super! Und abends nach Hause kommen und dann noch den Rest machen, den der Herr hat liegenlassen? Ich machte ihn darauf aufmerksam, dass ich meine Stundenanzahl nicht erhöhen könnte, jedenfalls nicht zeitnah.

Er reagierte nicht und zuckte mit den Schultern. Anscheinend war ihm das alles ziemlich egal. Ich war wütend. Ich war auf hundertachtzig. Wie konnte man nur so verantwortungslos sein mit zwei kleinen Kindern und von heute auf morgen einen sicheren Job hinschmeißen? Ich verstand das nicht. Hatte Paul nun tatsächlich seinen Verstand verloren?

»Und warum?«, wollte ich wissen.

Da erzählte er mir nochmals die Story, dass er seine Sekretärin nicht in den Griff bekam, aber diesmal facettenreicher. Ich kannte die Sekretärin von einem Foto, das er mir gezeigt hatte. Es war die Bulldogge pur. Es war wirklich nichts Schönes an dieser Frau dran, es sei denn, man hätte sie sich mit drei Kästen Bier schön getrunken. Und sie muss auch in ihrem Anziehgeschmack nicht allererste Sahne gewesen sein, so wie mir Paul immer berichtete. Aber sie hatte wohl gute Beziehungen zu seinem Vorgänger gehabt und versuchte diese »guten Beziehungen« auch zu Paul aufzubauen, indem sie sich vor kurzem im Büro ihres Pullovers entledigte und oben ohne war. Denn an der Stelle, die da zum Vorschein kam, muss sie wohl ganz gut ausgestattet gewesen sein.

Angeblich hat Paul darauf nicht reagiert und sie gebeten, sich wieder anzuziehen. Und angeblich setzte diese Dame ihn jetzt unter Druck. Mit was? Wenn alles so harmlos war? Das war mir überhaupt nicht klar. Paul stritt ab, jemals etwas mit ihr gehabt zu haben. Ich ließ es dabei bewenden, ich konnte das Gegenteil ja nicht beweisen. Aber wegen einer Tippse den Job hinschmeißen? Gab es da nicht andere Möglichkeiten? Abmahnung wegen schlechter Arbeit, Akten stapeln lassen im Keller oder so was? All das fragte ich Paul. Seine ganze Antwort dazu war nur:

»Ich konnte es nicht mehr aushalten.« Diese Gleichgültigkeit provozierte mich bis aufs Messer. Paul konnte es nicht aushalten und warf seinen Job hin. Was aus der Familie wurde, war ganz egal. Was hatte ich denn all die Jahre ausgehalten? Ich hatte die Zähne zusammengebissen. Nach der Geburt der Kinder hatte ich einen Chef, dessen Kommunikation sich in Brüllen erschöpfte. Selbst gestandene Männer kamen unter der Tür kriechend aus seinem Büro. Und ich hatte Dauer-Durchfall und permanente Magenschmerzen in meiner Doppel- und Dreifachrolle.

Paul bekam zu Hause den Allerwertesten nachgetragen und konnte es nicht mehr aushalten? Was hatte ich denn für einen Chef gehabt, der nur das Brüllen kannte? Ich musste es aushalten, denn Paul bestand auf meinem Gehalt. Der Abend endete in einem Desaster, wie Sie sich leicht vorstellen können.

Ich konnte kaum noch schlafen und überlegte hin und her, was zu machen war. Ich hatte die pure Existenzangst um mich und die Kinder. Auch wenn Paul bisher nicht viel bezahlt hatte, so hatte er mir doch zumindest monatlich das Haushaltsgeld zugewiesen und die Abzahlung des Hauses übernommen. Das fand ich auch gerecht, weil ich schließlich den Grundstock zum Kauf dieses Hauses aus dem Erbe meines Großvaters finanziert hatte. Und jetzt?

Als Paul dann zu Hause war, tat er weiterhin nichts im Haushalt, zeigte aber auch kein bisschen Energie, um zu einem neuen Job zu kommen. Ich machte mich schließlich auf zur Jobvermittlung für Führungskräfte beim Arbeitsamt und hatte dort verschiedene Gespräche. Da er seinen Dienstwagen abgeben musste und kein Auto besaß, fuhr ich, um ihm ein gutes gebrauchtes zu kaufen, damit er flexibel war. Ich war schon eine selten dämliche Kuh. Mit meinen Aktivitäten unterstützte ich quasi sein Nichtstun und seinen Egoismus. Schließlich ließ er sich dazu herab, ein paar Bewerbungsmappen abzuschicken. Geschrieben habe ich sie bzw. ein externer Schreibdienst. Und jeden Abend gab es Diskussionen, was mit seinem Job passieren sollte. Denn in Düsseldorf hatte man schnell einen Nachfolger gefunden. Der bekam sogar einen Dienstwagen – wenn überhaupt möglich – eine Nummer größer als den, den Paul gehabt hatte. Na ja, nicht alle waren so dumm, wegen einer Tippse einen Job nicht anzunehmen oder zu kündigen. Der Nachfolger hat sich dort mehrere Jahre gehalten, und es ist gut möglich, dass er immer noch dort ist.

Wie auch immer, die Atmosphäre blieb angespannt, die Situation drohte zu eskalieren, auch in unseren Diskussionen, die schon längst nicht mehr sachlich abliefen, sondern jeder beharrte auf seiner Position. Ich sah nicht ein, warum er die Tätigkeit aufgegeben hatte, und er verstand nicht, warum ich nicht einsah, dass diese Arbeit für ihn unzumutbar gewesen war.

Das meiste, was mich daran ärgerte – neben der existenziellen Angst, was aus uns werden sollte – war, dass ich nun sah, dass ein Eckpfeiler unserer Ehe wegbrach. Dieser Eckpfeiler war nämlich für mich genau dieser ehemalige Job, weil dadurch Paul gezwungen war, die ganze Woche unterwegs zu sein, von Köln nach Brüssel, von Brüssel nach Berlin und wieder zurück. Das war für mich die Prämisse, es noch einmal zu versuchen und mit ihm zusammenzubleiben. Wenn ich daran dachte, dass – selbst wenn er eine neue Arbeit finden würde – er wieder jeden Abend zu Hause sein würde, wurde mir grottenschlecht. Ja, ich gebe es zu, auch diese Gedanken bewegten mich ständig.

Mehr durch Glück als durch Arbeit hat Paul dann noch in allerletzter Sekunde durch einen Bekannten einen Tipp bekommen, sich in Mainz zu bewerben. Das tat er und er bekam die Stelle. Er entschloss sich jedoch nicht, die Woche über in Mainz zu verbringen, sondern pendelte täglich von Bonn nach Mainz und wieder zurück. So kam er noch später abends nach Hause, mit noch schlechterer Stimmung, und natürlich erwartete er auch zu dieser Uhrzeit, dass die Kinder noch auf waren.

Und die übliche Mühle ging von vorne los: »Ach, lass sie doch noch ein bisschen«, wenn ich sie zu Bett rief. Und den Kindern gegenüber: »Ihr müsst noch nicht ins Bett, hört doch nicht darauf, was die Mama sagt.« Es war für mich kaum auszuhalten.

14. Kapitel
Typisch Mann? Typisch Mann!

Einige Jahre nach meiner Scheidung lernte ich Bob kennen. Bob war cooler Banker – wie cool, konnte ich damals nicht absehen. Bob war groß, schlank, hatte volles, leicht ergrautes Haar und eisblaue Augen. Bei unserem ersten Treffen war er noch bankmäßig angezogen, das heißt, im Anzug, der ihm sehr gut stand. Es war Sommer, wir saßen draußen in einem Café, die Sonne schien. Wir unterhielten uns locker über dies und das, wie das so ist bei dem ersten Gespräch. Natürlich kam ich auf meine Kinder zu sprechen, er auf seine. Er hatte eine vierundzwanzigjährige Tochter, die gerade dabei war, das Haus zu verlassen und einen Sohn, der in zwei Jahren Abitur machen würde. Er erzählte auch, dass er gerade eine Wohnung suchte, weil er sich von seiner Frau trennen wollte. Bei mir gingen alle Alarmglocken an. Dies hieß doch wohl, dass er noch bei seiner Familie wohnte? Das war ja nun gar nicht mein Ding, das und die damit verbundene Veräppelung wollte ich überhaupt nicht. So schnell es ging, verabschiedete ich mich mit einem Vorwand, bezahlte und ging.

Kurze Zeit später lernte ich einen Spanier kennen. Er lebte seit Jahrzehnten in Deutschland und arbeitete – wie er selbst es ausdrückte – als Psychologe. Ein entsprechendes Türschild gab es jedoch nicht. Bei ihm habe ich wohl auch sonst nicht so genau hingeschaut und erst nach einiger Zeit gemerkt, dass er mehrgleisig fuhr. Zu diesem Zeitpunkt – es war abends im einem Bistro – trug er so dick auf, dass selbst ich dumme Kuh merken musste, was gespielt wurde. Die ganze vorherige Zeit über war ich ihm auf den Leim gegangen.

»Ich könnte mindestens drei Frauen heute Abend hier abschleppen«, sagte er unvermittelt beim Essen zu mir. Ich traute meinen Ohren nicht. Was hatte er gerade gesagt? Zur Sicherheit fragte ich noch mal nach:

»Habe ich dich gerade richtig verstanden, dass du meinst, heute Abend hier drei Frauen abschleppen zu können?«

»Ja, hast du«, antwortete er.

Die einzig richtige Reaktion in diesem Moment wäre gewesen, wenn ich wortlos aufgestanden und gegangen wäre und das Lokal verlassen hätte. Doof wie ich war, tat ich das nicht. Stattdessen hakte ich nach. »Woher weißt du das?« Blöder ging es von mir ja nun gar nicht.

Er antwortete: »Augenkontakt.«

Ich verstand. Und ich schluckte. Mein Gehirn war leer. Ich konnte überhaupt nichts mehr denken. In diesem Moment hatte ich den Intelligenzquotienten einer Amöbe. Statt zu reagieren oder zumindest zu gehen, tat ich gar nichts. Irgendwie ging der Abend zu Ende und so etwa zwei Wochen später sagte er zu mir, als ich in seiner Wohnung war:

»Du wirst dich darauf einrichten müssen, dass ich auch mit anderen Frauen ausgehe.«

Wiederum traute ich meinen Ohren nicht ganz. »Mit anderen Frauen ausgehen?«

»Ja, ganz recht. Du hast ja so wenig Zeit, dann gehe ich eben auch mit anderen Frauen aus.«

Mir blieb vor Staunen wahrscheinlich der Mund offenstehen, was sicherlich super intelligent aussah. Aber in diesem Moment hatte ich mich nicht mehr in der Gewalt. Ein bisschen Restverstand sagte mir, dass ich da noch mal nachhaken müsste:

»Was verstehst du unter mit anderen Frauen ausgehen?«

»Na ja, ausgehen halt.«

»Nur ausgehen?«

»Ja, nur ausgehen.«

»Ach, und Abholen oder Hinbringen gehört dann nicht zu deinem Service?«

Die Antwort verschlug mir die Sprache: »Ja, doch, natürlich auch.«

»Wie?«, fragte ich, »du gehst zu diesen Damen auch nach Hause und empfängst sie hier in deiner Wohnung?«

»Ja, warum denn nicht?«

Langsam wurde es mir zu bunt. Was wollte er mir eigentlich damit mitteilen? Wollte er meine offizielle Genehmigung fürs

Vielvö... haben oder was? Ich sagte ihm klipp und klar, dass ich das nicht schätzen würde.

Er darauf: »Ich bin ein freier Mensch. Wenn du keine Zeit hast, ist das dein Problem.«

Da saß ich nun und konnte es nicht fassen, was er mir da gerade mitgeteilt hatte. Ich hatte schließlich Beruf und Kinder, managte alles allein und dann so was! Er selbst hatte es ja nicht mal zu Kindern gebracht. Na ja, war vielleicht besser, so egoistisch wie der drauf war. Diesmal war ich jedoch schlauer als vor zwei Wochen in dem Lokal und sagte:

»Okay, dann denke ich, dass es besser ist, wenn wir uns nicht mehr sehen. Wir haben zu unterschiedliche Ansichten von einer Beziehung. Ich werde jetzt gehen.« Mit diesen Worten stand ich auf, ging so hoch erhobenen Hauptes, wie es ging Richtung Wohnungstüre, öffnete sie, ging hindurch und verschwand.

Er hielt mich nicht zurück. Endlich hatte ich mal das Richtige getan, und ich habe es später nicht bereut. Diesem Kerl habe ich keine Träne nachgeweint ...

»Männer sind eben entsetzlich oberflächlich. Blind gegenüber wahren weiblichen Qualitäten. Kaum nähert sich ihnen eine aufgedonnerte Blondine mit Lockenmähne und prollig prallem Wackelhintern, unterbrechen sie jedes noch so angeregte Gespräch und starren ihr mit herausquellenden Augen und aufgeklapptem Unterkiefer nach«, meinte Elke, bei der ich mich am Telefon ausheulte. »Sie sind einfach hemmungslos, rettungslos, selbstvergessen. Gänzlich schutzlos sind sie diesen Begegnungen der erotischen Art ausgeliefert. Erste Reaktion: Die Augen quellen zentimeterweise aus den Höhlen, das Gehirn schaltet sich aus. Klick. Zweite Reaktion: Die Hose zeigt knapp über dem Schritt eine kleine Delle, die Hormonproduktion wird aktiviert. Klack. Nur noch ein einziger Impuls wird dann gesteuert von ihren sonst so dominanten starken männlichen Sinnen: Fraaauu ... waarm ... weichhh ... haaaben ... wolllen ...!!! Überall können wir« – so Elke, weiter aus einem Buch zitierend – »diese bedauernswerten Primitivlinge beobachten: auf der Straße, in der Kneipe, an der Wursttheke im Supermarkt. Mal sind sie selbst das Objekt der Begierde, mal sitzen sie dämlich lächelnd daneben. Jede von uns armen Weibern hat diese peinliche Situation schon durchlitten. Manchmal schon bei der ersten, zweiten oder dritten Verabredung – ein ausgesprochen guter früher Zeitpunkt, um rauszufinden, was für eine Flasche an deiner Seite ist. Dabei haben wir uns«, plaudert Elke weiter, »auf diese Verabredung so gut wie möglich vorbereitet und wühlten stundenlang in unserem Kleiderschrank. Mit einem schicken Outfit und der geerbten Perlenkette der Großmutter, die an unserem Hals so prächtig glänzte, als hätten wir sie eigenhändig aus dem Pazifik gefischt, saßen wir dann unserem Traumprinzen schließlich bei unserem Lieblingsitaliener gegenüber. Kerzenschein, verliebtes Geturtel, neckische Witzchen über die Speisekarte. Wir fühlten uns wie der Mittelpunkt unseres Universums.

Dann kam es zwangsläufig zum bösen Erwachen. Die Tür öffnete sich, eine Frau betrat das Lokal. Sie war mindestens zehn Jahre jünger, und sie bewegte sich so aufreizend und ordinär wie ein wildes Tier. Sie trug einen Rock, der auch locker als breiter Gürtel durchgegangen wäre, die blonde Dauerwellfrisur fiel über ihren weiß Gott nicht schmalen Rücken. Hochhackig tänzelte diese Lichtgestalt mit drallen Oberschenkeln an unserem Tisch vorbei, steuerte zielsicher auf den Nachbartisch zu, bedachte ihren Begleiter mit einem verführerischen Lächeln. Klick, klack! Du wirst sehen, in wenigen Sekunden ist unser aufmerksamer Gesprächspartner zu einem hochmotorischen Sklaven seiner Weichteile geworden. Und es regen sich in uns erste Zweifel. In dieser Situation gilt es, ganz entspannt zu bleiben. Die Lage ist hoffnungslos. Selbst wenn wir uns auffällig einen Kanister Benzin überschütten würden, um uns dann demonstrativ mit dem Feuerzeug unseres Prinzen abzufackeln, er würde sich uns erst wieder zuwenden, wenn von uns nur noch die Perlenkette und ein stinkendes Häufchen Asche übrig wäre«, so meinte Elke.

Tja, eine bittere Erkenntnis, aber öfter Realität, als frau denkt ...

Ich erinnere mich an eine Einladung zu einem runden Geburtstag in meiner Ehezeit von einem Lions-Club-Mitglied. Die Einladung war ein Empfang und ein Abendessen in einem kleinen Jugendstilschloss. Als wir beim kalten Buffet anstanden, schoss Paul, der hinter mir stand, plötzlich aus der Reihe und begab sich zur Nachbarseite, unweit von mir. Er begrüßte überschwenglich eine Tigerlilli – wie ich sie nannte – mit den Worten: »Kennen wir uns nicht?« Diese Dame war der Ausbund an Billigkeit, hatte einen mit getigertem Muster versehenen Minirock und hochhackige Schuhe an. Haupthaar: blonde Dauerwelle! Muss ich noch mehr sagen? Schon für sich genommen ein optischer Schmerz im Auge, aber gerade auch in solch einem Ambiente total unpassend. Sie sah aus wie gerade mal unterwegs in der Snackpause des Straßenstrichs. Und Paul, der so statusbedachte Paul, der sich wer weiß was einbildete auf was auch immer, kroch dieser Biene hinterher? Kaum zu glauben, aber wahr – und schimpfte bei mir über Lippenstift!

15. Kapitel

Der Pfeil des Amor

Auch ich bin nicht vor Dummheit gefeit, mein Handy klingelte. Es war Bob, ich hörte mir an, wie weit sein Auszugsmanöver gediehen war. Ich hatte einen sehr aufgeräumten Bob am Handy, der mir mitteilte, dass er gerade dabei sei, seine neue Wohnung einzurichten. Er plante, in einer Woche umzuziehen. Na ja, dachte ich, das ist ja schon mal was. Hier konnte man anknüpfen. Super. Zumindest kein Wohnen mehr bei der Ehefrau. Daher war ich dem Vorschlag von ihm, sich zu treffen, nicht abgeneigt. An dem Abend, als wir uns trafen, unterhielten wir uns gut, wenngleich mir auffiel, dass, entgegen meiner sonstigen Erfahrung, kein einziges Kompliment über meine Person fiel. Nun denn, dachte ich, die meisten Komplimente sind ja doch nicht ehrlich gemeint, jeder Jeck ist anders.

Am Ende des Abends bezahlte er und ich fuhr relativ wohlgemut wieder nach Hause. Es hatte sich herausgestellt, dass wir in vielen Dingen wohl ähnliche Ansichten hatten, und es war insgesamt eine sehr entspannte Gesprächsatmosphäre gewesen. Ich merkte nicht, dass ich gerade dabei war, wieder einen großen Fehler zu machen und mich zu verlieben.

Es war so weit. Er war nun endgültig in seine neue Wohnung eingezogen. Mit Hilfe seines Sohnes hatte er wohl noch die letzten erforderlichen Dinge, wie zum Beispiel Gardinenstangen, angebracht. Angeblich ist der Auszug aus dem familiären Heim recht unspektakulär verlaufen. Ein kurzes: »Ich bin weg«, und Türe zu, das war 's wohl. Damals habe ich das geglaubt, heute nicht mehr. Es folgte die Zeit, in der die Fußballmeisterschaft begann. Er rief täglich an, wir verabredeten uns ein paar Mal. Schließlich bot ich ihm an, das nächste Fußballspiel im Rahmen von Public Viewing in dem Bürogebäude, in dem ich arbeitete, mitzuerleben. Auch beim nächsten Spiel waren wir dort gemeinsam. Dabei merkte ich, dass er immer mehr Zutrauen gewann und stellte fest, wie er mich heimlich in Augenschein nahm. Das Ergebnis muss ihm wohl gefallen haben, denn langsam, ganz langsam, versuchte er mich wie zufällig zu berühren.

Irgendwann nach unseren nächsten Treffen in einem Biergarten war es dann so weit, dass wir bei der Verabschiedung die ersten scheuen Küsse auf die Wangen austauschten. Ich hatte unendliche Angst. Ich hatte Angst, den falschen Schritt zu tun, ich hatte Angst, wieder enttäuscht zu werden. Dennoch faszinierte mich seine Art, sein ruhiges Wesen. Ich dachte, jemanden sehr Solides gegenüber zu haben, der wusste, was er wollte, der gradlinig und ehrlich war. Natürlich gefiel mir auch, dass er einen gesicherten Beruf hatte. Ein paar Mal schossen in meinem Inneren die Stopp-Schilder hoch und ich überlegte, ob es für ihn überhaupt möglich sei, eine neue Beziehung so schnell nach einer jahrzehntelangen Ehe anzufangen. Aber ich wollte sie wohl übersehen, diese Stopp-Schilder. Nein, nicht ganz, ich erinnere mich, dass ich ihn fragte, ob da nicht noch Erinnerungen, Wehmütigkeiten und Schmerzen bei den Gedanken an seine Ehe seien.

Er wies alles weit von sich. Er habe mit diesem Kapitel abgeschlossen, und das schon vor langer Zeit. Nun denn, was blieb mir übrig? Ich glaubte es, wahrscheinlich auch, weil ich es glauben wollte.

Es stand das entscheidende Spiel für Deutschland an, und er fragte mich, ob ich mit ihm an diesem Wochenende nach Süddeutschland fahren würde. Er wolle seine demenzkranke Mutter besuchen und dort das Spiel sehen.

Ich war total überrascht und freute mich. Gleichzeitig bekam ich kalte Füße, weil dies die erste Übernachtung mit ihm sein würde. Das Spiel ging so aus, dass Deutschland verlor. Deutschland hatte ja auch schließlich grottenschlecht gespielt. Aber alle – Deutsche und die Anhänger der anderen Mannschaft – haben zusammen gefeiert. Die Innenstadt, in der wir waren, war ein einziges Fest.

Auch für mich war es ein wunderschönes Wochenende. Wir kamen uns langsam näher, und er war sehr rücksichtsvoll und zärtlich. Als wir sonntags zurückfuhren, war für mich die Welt voller Geigen, und naiv wie ich war, dachte ich, das ist der Mann für den Rest meines Lebens – zumindest für längere Zeit. Man musste ja nicht heiraten, nicht mal zusammen wohnen, alles schien mir möglich. Ich genoss es, wieder verliebt zu sein, ich genoss die Aufmerksamkeiten, die ich während meiner Ehe schmerzlich vermisst hatte. Ich fühlte mich angenommen, und das mit allen Ecken und Kanten. Es war ein Hochgefühl im Hochsommer.

Doch wie nach jedem Hochsommer kommt irgendwann der Herbst. So kam er auch bei mir, und der Winter brach herein, und zwar nicht nur jahreszeitlich gemeint, sondern auch in Form des veränderten Verhaltens von Bob.

Aber noch war es nicht so weit. Als Nächstes schlug Bob vor, wir könnten ja ein Wochenende in Holland verbringen. Es war wunderschönes Wetter, wenngleich schon die Vorboten des Herbstes zu spüren waren. Die Sonne ging abends früher unter und die Abende wurden kühler, es war Ende August.

Gerne nahm ich diese Idee an, und als er mir sagte, in welches Hotel er fahren wollte, war ich total erstaunt. Er hatte sich ein Hotel gemerkt, das ich an meiner Pinwand in der Küche aufgeschrieben hatte und das ich als Tipp von einer Bekannten bekommen hatte. Es sollte wunderschön und plüschig sein und jedes Zimmer ganz unterschiedlich eingerichtet.

Gerne ließ ich mich darauf ein. Wir planten diesen Aufenthalt für das nächste Wochenende. Ich kann zu diesem Wochenende nur sagen, dass es so unvergleichlich war wie jenes in München. Mehr möchte ich nicht dazu sagen. In vollem Enthusiasmus, was Bob anbelangte, kehrte ich zurück. Nein, doch, eine Einschränkung muss ich machen. Ich war gerade in meiner Vollgas-Phase, als ich ihn an diesem Wochenende fragte, wie er denn, wenn er eine Skala von eins bis zehn zur Verfügung hätte, den Stand unserer Beziehung einschätzen würde. Voll idiotisch! So etwas fragt man grundsätzlich nicht als Frau, das habe ich inzwischen gelernt. Aber ich war damals noch nicht so weit, diesen Fehler zu erkennen. Ich bekam die Zahl »fünf« genannt. Damit war ich nun überhaupt nicht zufrieden und fragte: »Wieso nur fünf und nicht neun oder zehn?«

»Weil wir noch nicht so weit sind«, war seine lakonische Antwort. Auch dieses Warnschild, das mir höhere Mächte an den Wegesrand gestellt hatten, habe ich geflissentlich – wie es so meine Art war, auch schon bei Paul – übersehen. Wie gesagt, ich war in Volldampf auf Beziehungskurs. Dass sich solch unüberlegtes Verhalten rächt, ist selbstverständlich. Das habe ich dann auch erfahren müssen. Nämlich, ohne es zu merken, fing ich wahrscheinlich an zu klammern. Ich wartete, dass er sich meldete, ich wartete auf jedes Lebenszeichen von ihm und reagierte prompt – auch ein großer Fehler, wie ich heute weiß. Ich ging sogar noch weiter und rief ihn an, wenn er sich nicht meldete. Wahrscheinlich hat er sich dadurch total kontrolliert gefühlt. Jedenfalls trat nach diesem Holland-Wochenende so etwas ein wie fallende Temperaturen.

Und die Temperaturen fielen langsam, aber stetig. Zuerst unmerklich, dann doch immer rascher veränderte sich etwas, etwas, das ich mir nicht erklären konnte, und in einer Art und Weise, für die ich keine Begründung hatte. Ich vertrat vor mir den Standpunkt, ich hätte ihm alles gegeben und gäbe ihm immer noch alles, und er zöge sich immer weiter zurück. Das merkte ich schließlich dann auch mal.

Der Hammer kam dann Ende September. Er hatte Geburtstag an diesem Tag. Ein Waage-Mann. Ich fragte ihn zwei Tage vorher, wie er diesen Tag denn verbringen wollte und drückte es extra neutral aus, so viel hatte ich schon gelernt. Ich fragte nicht: »Was wollen wir übermorgen machen?«, sondern ich fragte: »Wie möchtest du diesen Tag verbringen?«

Er antwortete: »Am liebsten mir dir!«

Und ich blöde Kuh freute mir innerlich ein Bein ab. Am nächsten Tag, also einen Tag vor seinem Geburtstag, fragte ich ihn dann noch einmal, wie sein Programm am nächsten Tag aussähe.

Und er antwortete: »Mittags gehe ich mit meinen Kindern essen und abends mit dir!« Hallo? Was war das? Mittags mit den Kindern und abends mit mir? War ich im falschen Film? Konnte man mich nicht vorzeigen? Oder hatte ich einen Pickel auf der Nase? Moment mal, ich durfte nicht in Erscheinung treten. Das war 's. Und die sogenannten Kinder waren siebzehn und vierundzwanzig Jahre alt! Die Antwort hat mich so verletzt, wie ich es kaum beschreiben konnte. Sicherlich ist das Zurückweisungsthema ein Thema, das in meiner Kindheit angesiedelt ist. Dennoch konnte ich das nicht verstehen.

Ich antwortete auch prompt darauf und glaube auch heute noch, dass es die richtige Antwort war: »Du wirst doch wohl nicht zweimal an einem Tag essen gehen wollen? Weißt du was, streiche das Abendessen mit mir!«

Er nahm das hin und sagte: »Ist okay.« So verlief dann der Sonntag so, wie ich vorgeschlagen hatte, nämlich, dass er mit seinen Kindern mittags essen ging, so dachte ich. Ich selbst trat nicht in Erscheinung. Immerhin schon was, dass ich endlich anfing zu begreifen und zu kapieren. Er rief mich dann abends an und erklärte mir, wie schön der Mittag verlaufen sei und er hätte »Zuwachs« bekommen.

»Zuwachs?«, fragte ich.

»Ja, Zuwachs. Stell dir vor, meine Tochter hat ihren neuen Freund mitgebracht und mir vorgestellt.« Ich war baff. Das schlug doch dem Fass den Boden aus! Ich durfte nicht in Erscheinung treten, wurde auf abends vertröstet – und die Tochter brachte unerwartet ihren neuen Freund mit, und der war herzlich willkommen. Was war das für ein Gebaren? Ich antwortete entsprechend: »Daran solltest du dir mal ein Beispiel nehmen.«

Diese Aussage wurde mit Schweigen übergangen, und Bob schnitt ein anderes Thema an: »Was hast du denn heute Schönes gemacht?« Zynischer ging es ja wohl nicht mehr. Wenn ich die Wahrheit gesagt hätte, hätte ich sagen müssen: »Auf deinen Anruf gewartet.« Das hab ich mir zum Glück noch verkneifen können.

Ich sagte also beiläufig: »Nichts Besonderes.« Das war natürlich auch nicht viel besser. Ich hätte ihm von einer Alternativeinladung mit einem netten Herrn berichten sollen, das wäre viel intelligenter gewesen, um ihn auf Vordermann zu bringen. Aber so schlau bin ich erst heute.

16. Kapitel

Noch eins auf die Nase ...

Bei allem, was ich dann noch an Verletzungen eingesteckt habe, muss ich im Nachhinein aber gestehen, dass eine Alternativeinladung in diesem Fall wohl auch nichts nachhaltig geändert hätte. Er war ein hoffnungsloser Fall, Teil-Autist sozusagen, konnte sich stundenlang reden hören: über seinen Beruf, ausschließlich. Das Üble daran war, dass er auch ganz vergaß, dass da noch ein Zuhörer war und dass dieser vielleicht Hunger hatte, wie das so der Fall ist, wenn frau mit einem Mann verabredet ist. Dann ist frau im Allgemeinen vorher viel zu nervös, um zu essen, und überhaupt hat sie dafür normalerweise kurz vor dem Date auch gar keine Zeit. Da gibt es Wichtigeres zu tun, nämlich den Inhalt des gesamten Schrankes anzuprobieren, um am Ende genervt festzustellen, dass das erste Outfit doch das Passabelste für diesen Termin war, sich vorzüglich und unauffällig(!) zu schminken und pünktlich – na ja, sagen wir mit fünf- bis zehnminütigem Zeitverzug – zu erscheinen. Schließlich: Ein wenig warten hat noch keinem Mann geschadet. Das betrifft ein Date. Bei anderen intimeren Dingen gilt das auch, aber dann mit anderen Zeitmaßstäben, finde ich.

Jedenfalls hatte frau natürlich Hunger. Und dieser Bob saß mit mir den ganzen Abend in einem Bistro, trank Bier und rundherum aßen alle Menschen. Schauderhaft! Folter! Schließlich wurde ich direkter. Wozu hat der liebe Gott uns Frauen unser liebliches Mündchen geschenkt?

Ich sagte: »Mein Gott, habe ich Hunger, wenn ich alle beim Essen hier sehe!« Und das war eine echte Überwindung, denn schließlich: Wie heißt das elfte rheinische Gebot? Du sollst nicht andeuten (was so viel bedeutet wie: Versuche keine Andeutungen zu machen, nur um etwas zu bekommen, was du möchtest).

Statt dass »mein Ritter« nun eiligst die Speisekarte besorgte oder mich fragte, was ich denn essen wollte, kam nur die lakonische Antwort von der anderen Seite: »Kann ich nicht verstehen, ich habe den ganzen Nachmittag Spekulatius gegessen.«

Ach so, na dann, sehr gentlemenlike, dachte ich so bei mir. Ich habe einige Zeit gebraucht, bis ich das Geheimnis gelüftet hatte: Der gute Bob war etwas »sparsam«. Nichts – seit Paul – löste meinen Fluchtinstinkt schneller aus als »Sparsamkeit«.

Allerdings – ich gebe es zu – nach der Erfahrung mit Paul leider doch nur im Zeitlupentempo. Vorher, so fand ich wahrscheinlich, musste ich mir unbedingt noch ein paar blutige Nasen von ihm holen. Nein, nein, nicht körperlich, aber seelisch, und das kann ebenfalls ganz höllisch weh tun. Aber im »blutige-Nasen-holen« war ich wohl damals ebenfalls geeignet, im Guinnessbuch der Rekorde zu landen.

Ist ja auch zu blöd gelaufen, unsere Erziehung als Fünfzigerjahre-Kinder. Drill und Gehorsam, Respekt, keine Widerworte. All das sind Attribute, von denen ich wünschte, dass die heutige Jugend zumindest ein Atom davon verinnerlicht hätte. Das war ja nun auch nicht alles falsch damals, nur, von allem nicht so viel wäre gut gewesen. Dabei hätte es von Emotionen ruhig ein wenig mehr sein können.

Die Krönung war die Erziehung als Mädchen damals. Sie war ziemlich schwer zu ertragen. Wir wurden zu »guten Mädchen« gedrillt. Dann – so versprach man uns unausgesprochen – kämen wir in den Himmel. Unsere Mütter, selbst im Umbruch, mit Pille und Minirock, erzogen uns weiter zu »braven« Mädchen. Sie erzogen uns, wie sie selbst noch erzogen worden waren. Eine Frau hatte nichts zu tun als zu dienen, möglichst ihrem Ehemann. Um den zu bekommen, durften wir zwar ein Gymnasium besuchen, sollten uns aber gleichzeitig »aufsparen« für die Ehe.

Die Mütter von damals hatten das alles schon weit hinter sich gelassen. Zumindest bei meiner Mutter weiß ich, dass sie – mit aufkeimendem Rock 'n' Roll, Pille und anderen sich drastisch ändernden Lebensgewohnheiten – bei mir Wasser predigte, selbst aber gern Wein trank. Das bedeutet, sie selbst hat sich stets alles genommen, was sie wollte, glaubte an keine Autorität mehr, auch nicht an die der Männer. Aber mich, die ich eigentlich ein Junge hätte werden sollen, erzog sie, wie sie schon längst selbst nicht mehr lebte. Warum? Gut, heute ist es ohnehin müßig, darüber zu reden, denn nun ist diese Erziehung mal passiert, und eine Antwort auf meine Fragen werde ich wohl nicht mehr erhalten, weil meine Mutter nicht mehr lebt.

Dennoch wage ich mir nicht auszumalen, welche Fehler ich alle nicht begangen hätte – besonders die, die das andere Geschlecht anbelangten –, wenn meine Mutter mir beizeiten den Umgang mit Männern beigebracht hätte und ich ihn als kleines Mädchen bereits bei meinem Vater hätte üben können, wie das so üblich ist. Aber meine Mutter hat sich, als ich ein Jahr alt war, scheiden lassen. Gemäß der damaligen Rechtslage habe ich meinen Vater anschließend bis zu seinem Tod nur vier- oder fünfmal gesehen. Hätte ich öfters Zeit mit ihm verbringen können, hätte ich mir später nicht alles Mögliche mühsam anlesen müssen, was ja wohl kein wirklicher Ersatz war.

Denn tatsächlich wollen Männer angeblich nicht nur das Jasagende Weibchen, das sich ewig nur anpasst, jedenfalls wohl die meisten Männer, wenn man entsprechenden Umfragen Glauben schenken kann. Natürlich gibt es auch die Ausnahmen, nämlich die Flaschen, die ihr kärgliches Selbstbewusstsein aus den Demutsgebärden ihrer Frauen ziehen. Aber da kommt dann früher oder später mit hundertprozentiger Sicherheit eins ins Spiel: Verachtung. Und ist es erst so weit, ist im Grunde nichts mehr zu retten. (Ha, ha, sagt mal wieder genau die Richtige nach ihrer Eheerfahrung.)

Na ja, ich will jetzt aber noch mal was Positives über die Fünfzigerjahre-Kinder bzw. die etwas dubiose Erziehung von damals sagen: Es gab keinen Fernseher, keine Handys, keine Computer, es gab Spielzeug in der Menge, dass jedes heutige Kind es glatt übersehen würde in dem Wust und der Masse, die heute als modern gilt. Aber gespielt wurde immer, und zwar draußen. Unsere Pflicht war, unseren Eltern möglichst aus den Augen zu gehen beziehungsweise nicht auf die Nerven zu fallen, aber das hatte auch etwas für sich. Wir hatten zwei Pflichten: Abends pünktlich zum Abendessen zu Hause zu sein und – wenn wir schon Mist bauten – das so intelligent zu machen, dass es keinen Ärger gab. Es kümmerte, im Gegensatz zu heute, niemanden, ob wir vom Baum oder der Schaukel fallen könnten, niemanden, der es uns verbot, nach dem Kirschenessen Wasser aus dem Gartenschlauch zu trinken. Nur über Bauchweh durften wir anschließend nicht klagen. Klingelmäuschen – ein sehr verbreiteter Sport damals unter Kindern – war okay, solange wir uns nicht erwischen ließen; wenn doch, gab es zu Hause Kasalla und als Strafe Hausarrest, was das Schlimmste an Strafen war, denn dadurch hatte man null Kommunikation mit Gleichaltrigen.

Telefonieren war tabu für uns, denn das Telefon war nur für die Erwachsenen da. Und eine Kommunikation mit den Eltern im heutigen Sinne gab es nicht, schon gar nicht bei Hausarrest. Das goldene Zeitalter der Diskussion zwischen Eltern und Kindern war noch nicht hereingebrochen und das der Fragerei: »Lisa, möchtest du lieber Tee oder Kakao?«, auch nicht, was sich wahrscheinlich doch günstiger auf unsere Entwicklung damals auswirkte als das heutige übliche partnerschaftliche Geschwafel zwischen Eltern und Kleinkindern, in denen die Rollen getauscht zu sein scheinen. Macht ja auch wirklich keinen Sinn, Kinder als junge Erwachsene zu behandeln und damit zu überfordern, schlimmer noch, zu kleinen Monstern heranzuziehen. Na ja, der Mittelweg zwischen damals und heute gestaltet sich wie bei vielen anderen Themen schwierig ...

Aber wir waren bei Bob. Also, peu à peu änderte sich alles ab jenem September. Es begann damit, dass ich, die Nie-Geburtstagsfeierin, meinte, es wäre an der Zeit, dass Bob meine Freunde kennenlernen sollte. Da ich Anfang September Geburtstag habe, wäre dies ein guter Termin, so dachte ich, um ein zwangsloses Treffen zu arrangieren.

Bob schien, als ich ihm das vorschlug, nicht abgeneigt, und ich lud Freunde ein und bereitete ein kleines Essen vor. Am späten Nachmittag, als alles bereit war, hatte mich Bob immer noch nicht angerufen, um mir zu gratulieren. Na ja, so dachte ich, vielleicht will er nur mit seiner eigenen Anwesenheit glänzen, daher kein Anruf. Weit gefehlt! Gegen 18.00 Uhr waren die ersten Gäste da, als das Telefon klingelte. Halb war ich erleichtert, seine Stimme zu hören, halb hatte ich – in Vorahnung der kommenden Worte – das Gefühl, etwas besonders Unangenehmes komme auf mich zu. Und so war es auch!

Bob sagte mit wohl gesetzten Worten: »Ich kann heute nicht zu dir kommen, mein Chef hat mir heute Morgen mitgeteilt, dass er mich nach Braunschweig versetzen lässt.«

Ich war total betäubt. Was sagte er da? Ich glaubte zuerst, dies sei ein schlechter Scherz, aber es ging weiter: »Und im Übrigen muss ich gleich zu einem Event in die Bundeskunsthalle.«

»Zu einem Event in die Bundeskunsthalle?«, echote ich nur, als ob ich nicht bis drei zählen konnte. Das gab 's doch gar nicht! »Wieso«, stammelte ich, »wenn du versetzt wirst?«

»Weil mein Chef da sein wird«, kommentierte er.

Ach so, das war doch ganz logisch, oder? Ich blöde kleinkarierte Kuh sah die Logik dahinter zwar nicht, und vielleicht war ich auch zu unterbelichtet dazu und sagte nur: »Na ja, du kannst ja schließlich noch nachkommen.« Blöder als ich konnte man nun wirklich nicht sein, aber ich bekam Panik: Hatte ich das ganze Tam-tam für nichts und wieder nichts vorbereitet? Konnte doch nicht wahr sein! Ging ja nun gar nicht! Alles in mir sträubte sich, das Gehörte zu verarbeiten.

Erst bei seiner Antwort: »Das werde ich wohl nicht schaffen, ich muss erst mal den Tag verarbeiten«, dämmerte es mir, dass ich bestenfalls die ganze Zeit verarscht oder schlechtestenfalls nur als »Mäuschen fürs Gröbste« benutzt worden war. Ha, aber zur Bundeskunsthalle konnte er gehen, ohne den Tag verarbeitet zu haben? Super! Wenn das kein toller Start in ein neues Lebensjahr war! In dem Maße, wie mir gerade die »Autopanne-in-Solingen«-Masche aufging, wurde ich schlagartig wütend. Was bildete der Kerl sich ein, wer er war? Ich lud Freunde ein, bereitete alles vor, und er sagte in letzter Minute ab? Wegen seines Chefs? Aber in die Bundeskunsthalle konnte er dackeln? Das konnte doch wohl nicht wahr sein! Der seelische Schmerz durchzuckte mich wie ein Blitz. Aber ich durfte dem nicht nachgeben, nicht jetzt. Schließlich hatte ich Gäste. Und ich beschloss, meinen Geburtstag zu genießen, auch ohne Bob oder erst recht ohne ihn! Er hatte seine Chance gehabt und er hatte sie verspielt.

Er meldete sich dann eine ganze geschlagene Woche nicht. Ich wurde fast verrückt. Aber ich blieb eisern. Ich rief ihn nicht an. Genau sieben Tage später meldete er sich und sagte: »Na – a – a?« Seinen Namen am Telefon nennen konnte er genauso wenig wie mich mit Namen anreden, so frei nach dem Motto: »Hi, Misses Namenlos«, oder so. Vielleicht hat er mich ja auch heimlich: »Na«, genannt, denn auch in SMS kam nie eine Anrede. Überhaupt kann ich mich an keine Gelegenheit erinnern, an der er in meinem Beisein meinen Namen genannt hätte. Erst viel später, in einem Brief an mich, schien er sich meines Vornamens wieder bewusst zu sein. Mit meiner Anrede war es wie mit seinem Navi. Ich musste erkennen, dass ich dort nicht mit einem meiner Vornamen gespeichert war, sondern nur mit Adresse. Also war ich sozusagen doppelte Mrs. Namenslos. Warum, oder vielmehr vor wem versuchte er meine Existenz zu leugnen?

Ich sagte auf das »Na – a – a« erst mal vorsichtshalber nichts, schließlich wusste ich bei ihm nie, welche Hiobs-Botschaften noch kommen würden. Dann kam es tatsächlich.

»Wie wär' s denn mit einer kleinen Geburtstagsnachfeier?«, fragte er.

Das schlug doch tatsächlich dem Fass den Boden aus, und ich sagte: »Meinst du nicht, dass das eine Woche nach einem Geburtstag schon etwas verspätet ist?« Ich war empört. Das Mindeste, was ich nach seinem letzten Auftritt bzw. Nicht-Erscheinen erwartet hätte, war, dass er einen Tag später zerknirscht mit einem Blumenstrauß vor meiner Türe gestanden hätte. Doch nichts dergleichen geschah, und jetzt dieser profane Anruf. Unglaublich! Ich war so kalt wie ein Fisch und zeigte das auch mit meiner Stimmlage. Gegen diese Stimme wäre das Eis der Pole nahezu tropisch gewesen. Er musste es gemerkt haben, denn er hörte abrupt auf mit seinem Geseier: »Ich musste erst die neue Situation verkraften!«, etc.

Toll, dachte ich, man hätte ja die Situation auch mal gemeinsam besprechen können. Um es kurz zu machen: Wir sahen uns bis zum nächsten Frühjahr nur noch ein paar Mal. Am Anfang erzählte er mir, er wolle in Braunschweig eine Zweitwohnung für die Woche nehmen, am Wochenende wieder in Bonn sein. Daran zweifelte ich, naiv wie ich damals war, nicht. Was mich allerdings störte, war, dass er chronisch keine Zeit hatte, alles möglichst alleine, mit seinem Sohn oder mit irgendwelchen ominösen Kollegen aus Köln unternahm. Wenn wir uns sahen, hatte ich das untrügerische Gefühl, er benutzte mich und stellte mich anschließend wieder in die Ecke, in den Wartestatus. Ich sagte ihm das auch, aber er dementierte, doch es änderte sich nichts. Im Grunde hing ich die ganze Zeit in einem Dauer-Tief, unterbrochen von Sturmböen (wenn ich meine Tränen nicht beherrschen konnte) oder von Dauersturmböen, die schon einem Tsunami glichen, wenn ich nahe an einem seelischen Kollaps war.

Ich hätte nur noch heulen können. Bob meldete sich immer weniger, und dann zumeist nur über SMS. Einen Vornamen hatte ich darin immer noch nicht. Er selbst war so gut wie nicht erreichbar, weder zu Hause auf seinem Festnetz noch über sein Handy. An den Wochenenden verabredete er sich nicht mehr mit mir und war auch nicht zu Hause. Er führte jedes Wochenende andere Vorwände an, die ihn daran hinderten, Zeit mit mir zu verbringen. Für ihn war es überlebenswichtig, mit seinem Sohn die künftige Automarke zu besprechen, die dieser nach vollendeter Führerscheinprüfung fahren sollte. Darüber hinaus war es genauso wichtig, ganze Samstage lang Baumärkte abzuschreiten. Was mich auch sehr verwunderte war, dass er angeblich für seinen Ein-Personenhaushalt samstags drei bis vier Stunden einkaufen musste. Auch dann war er natürlich nicht zu erreichen. Anschließend musste er seine Wohnung säubern, seine Wäsche waschen und seine Hemden bügeln. So waren die Samstage sowieso immer gestrichen.

Sonntags war dann meistens – nach seinen Aussagen – sein Sohn an der Reihe, mit dem er Verschiedenes unternahm. Einmal meldete er sich ein ganzes Wochenende nicht, und ich konnte ihn auch nicht erreichen. Damals wusste ich noch nicht, dass man einen Mann nicht dadurch halten kann, dass man ihm ständig hinterher telefoniert, im Gegenteil. Also, er meldete sich das ganze Wochenende nicht, und ich erreichte ihn sonntags spätnachmittags auf seinem Handy. Das Wetter war traumhaft und ich hätte mich gefreut, mit ihm etwas zu unternehmen. Er meldete sich kurz auf Handy, tat so, als wenn er nichts verstehen könnte, erklärte mir, die Verbindung sei so schlecht, und er habe das ganze Wochenende das Handy sehr wohl angehabt, was nicht stimmte, weil man ja hört, wenn jemand ausgeschaltet hat. Angeblich war er gerade auf der Rückfahrt mit seinem Sohn von Köln, wo er ihm auf einem Übungsplatz den letzten Schliff für seine Führerscheinprüfung gab. Samstags war er übrigens auch mit seinem Sohn unterwegs. Na ja, wer 's glaubt wird selig, aber selbst, wenn es stimmte, für mich war eines klar: Ich war nicht die erste Priorität in seinem Leben. Und ich sah der Realität auch ganz gefasst ins Auge, ich würde sie wohl auch nie werden. Aber der Realität ins Auge zu sehen ist eine Sache, dies umzusetzen ist eine andere. Und ich setzte überhaupt nichts von meinen Einsichten um, gar nichts.

Der November zog sich hin und nichts Entscheidendes geschah. Ich konnte mich glücklich preisen, wenn ich eine SMS erhielt, ansonsten sahen wir uns – glaube ich – noch einmal bei ihm vor dem »Weihnachtsloch«. Unerwarteterweise hatte er mal Zeit. Nach dem Besuch wusste ich aber auch, warum. Dumm, wie ich war, ließ ich mich auf seine Verführungskünste ein und landete genau dort, wo ich mir vorgenommen hatte, mit ihm sobald nicht mehr zu landen, zumindest so lange nicht mehr zu landen, wie er mich nicht besser behandelte. Ich war wirklich das Vorbild für Inkonsequenz. Und anschließend war ich genauso unglücklich wie in der Zeit davor, denn es änderte sich nichts.

Bobs Verhalten blieb auf Distanz, es kamen ein paar SMS, meine wurden mit erheblicher Zeitverzögerung beantwortet, ansonsten geschah nichts. Und er hatte meine Zahnbürste, die er für mich im Sommer in seinem Bad deponiert hatte, entsorgt. Nein, nicht weggeworfen, aber sie war in einem Badezimmerkörbchen verschwunden. Was sollte das denn? Zur Rede gestellt, meinte er leichthin: »Du weißt ja, dass ich ein ordentlicher Mensch bin!«

Huch? Und ich war wohl nur blöde, wenn ich diese Ausrede gelten ließ. Bloß keine Spuren! Vor wem – wenn nicht nur vor seinem Nachwuchs – wollte er meine Existenz noch verbergen? Spätestens dann hätte ich das Weite suchen sollen. Ich bin wirklich so blond, wie es blonder nicht mehr geht (Sorry, falls Sie blond sind)!

An jenem Abend im November, als ich bei ihm war, sprachen wir über Weihnachten. »Wie verbringst du Weihnachten?«, fragte ich.

Er: »Am liebsten mit dir.« Dieser Satz tat mir richtig gut, und ich freute mich. Tatsächlich entschwand er ohne weitere Ankündigung einen Abend vor Heiligabend zu seinem Bruder und dessen Familie nach Süddeutschland. Nach Weihnachten war er wieder zurück und wollte Silvester mit mir feiern. Folge: Er meldete sich den ganzen Silvesterabend nicht, ich saß dumm alleine zu Hause.

Ich schrieb ihm um 24.00 Uhr eine SMS und er schrieb zurück: »Ich stehe gerade mit Nachbarn auf der Straße und habe zu viel getrunken!«

Es kam Valentinstag. Blöd, wie ich war, schenkte ich ihm eine kleine Vase in Herzform mit einer Rose, die darin stand. Bei einem meiner seltenen Besuche sah ich diese Vase nirgends, die Rose war inzwischen verblüht. Die Vase, versteckt wie meine Zahnbürste? Alles Lüge? Ohne Worte!

Die Krönung nach einem vermasselten Weihnachten, einem vermasselten Silvester und den ersten vermasselten Monaten des neuen Jahres kam dann im Frühjahr, ich glaube im Mai, in dem er mir nach einer langen Pause des Sehens in einem Biergarten mitteilte, dass er in Braunschweig eine Wohnung gemietet habe und »mittelfristig« dort hinziehen werde. Ich fragte vorsichtig nach, was er unter »mittelfristig« verstehe, und heraus kam, dass der Umzug in acht Wochen stattfinden sollte.

Müßig zu sagen, dass ich ihn nicht wiedergesehen habe, obwohl er auch später an meinem Wohnort in Richtung Österreich, um seine Tochter zu besuchen, ständig vorbeigefahren ist. Dennoch sagte er einmal am Telefon, als er später anrief: »Du liegst nicht auf meiner Strecke.« Heute weiß ich, dass man diese Aussage in verschiedene Richtungen interpretieren kann. Jetzt stehe ich auf dem Standpunkt, dass für einen Mann, der eine bestimmte Frau will, kein Weg zu weit ist. Noch viel später verbrachte er wohl Silvester in Düsseldorf, rief mich an und sagte anschließend am Telefon: »Na ja, ich bin halt Single.« Dass Düsseldorf so weit von mir entfernt gar nicht lag, auf die Idee kam er nicht, eben ein Autist, zumindest, was mich anbelangte. Das Thema war abgehakt. Wieder mal ein hundertprozentig richtiger Griff in die Zauberkiste!

Tja, das war 's wohl!

Andere würden sich sagen: »Der Nächste, bitte«, wie ich neulich in einem wirklich pfiffigen Buch gelesen habe.

17. Kapitel
Problemzone Mann

Aber ganz so aalglatt ging 's mit dem Vergessen von Bob bei mir nicht. Ich hoffte immer noch, ich blöde Kuh!

Samstagabend, halb sieben: »Warum ruft dieser Kerl nicht an?«, fragte ich mich und drehte eine erneute Runde durch Flur, Küche und Wohnzimmer. Und warum gibt es Dinge im Leben einer Frau, die sich niemals ändern? Sicherlich gibt es irgendwo eine Statistik, die besagt, wie viele Jahre ihres Lebens eine Frau damit verbringt, auf Anrufe von Männern zu warten. Bestimmt zehn oder zwanzig. Und dabei wird sie immer älter. Dabei hinterlassen die Sorgen hässliche Falten im Gesicht, und sie isst im Allgemeinen mehr, als ihr gut tut, und alles nur ungesundes Zeugs: Chips, Cashew-Kerne, Nutella aus dem Glas. Damit ruiniert sie ihre Figur, ihre Zähne und ihr Gesicht, und sie verdirbt sich damit jede reelle Chance auf einen Anruf am Samstagabend.

Aber, bitte nicht so destruktiv, rief ich mich selbst zur Ordnung. Jeder weiß doch heutzutage schon seit dem Kindergartenalter, dass negative Gedanken zu negativen Tatsachen führen. Also schwenkte ich innerlich um und sagte mir: »Du bist attraktiv, du bist begehrenswert, du bist eine Königin ...«

Telefon!

Na bitte, es geht doch. Aber es war nicht der von mir erwartete Anruf, es war Elke; sie kenne ich seit der Gymnasiums-Zeit. Wir haben zusammen Abitur gemacht. Sie sagt, was sie denkt. Sie wusste, dass ich dringend einen Anruf von Bob erwartete und sagte mir ganz unverblümt, dass der grundlegende Unterschied zwischen Männern und Frauen nicht – wie meistens angenommen – darin besteht, das Männer nicht zuhören und Frauen nicht einparken können und auch nicht darin, dass Männer die Spielergebnisse sämtlicher Fußball-Bezirksligen der letzten zehn Jahre auswendig im Kopf haben. Sie sagte, der wichtigste Unterschied zwischen Männern und Frauen sei, dass Männer nicht auf Anrufe von Frauen warten. Statt auf diesen Anruf zu warten, tun Männer etwas ganz anderes. Sie schauen die Sportschau, bekommen den Friedensnobelpreis verliehen, verbringen den Abend unter oder auf einer Blondine, lesen die Aktienkurse in der FAZ, gehen ins Fitnessstudio oder tun einfach gar nichts und trinken einen Kasten Bier leer. Und das Wichtigste an dieser Erkenntnis ist: Sie tun es nicht, um sich vom Warten abzulenken, sondern sie tun es, weil sie es tun wollen. Und sie tun es genau in diesem Moment. Das ist auch der Grund, warum Männer nie beim ersten Klingeln am Telefon sind und anschließend so klingen, als habe man sie gestört.

Als Elke mir das so unverblümt sagte, musste ich erst mal begreifen, was ich da hörte. »Das hieße ja, dass alle Zeit, die wir damit verbracht haben, Männer nicht zurückzurufen, umsonst war. Die Tage, Wochen und Monate, an denen wir uns übermäßig beherrschten, sie anzurufen. Alles umsonst! Was haben wir gelitten, um sie leiden zu lassen, wie wir dachten. Dabei waren diese Hunde in Wirklichkeit noch nicht mal zu Hause, um zu bemerken, dass niemand anrief!«

»So ist es«, sagte Elke, »du kannst einen Mann nicht warten lassen, weil er nie wartet. Und deshalb ist es dringend an der Zeit, dass man als Frau seine Zeit mit etwas Sinnvollerem verbringt, als zu hoffen, dass Herr X sich bequemt, deine Nummer zu wählen. Und«, warnte sie, »als Frau darfst du niemals, wirklich niemals, einen Mann von dir aus anrufen. Auch nahender Tod und Siechtum sind keine Begründung. Wenn du schon in der Verlegenheit bist, ihn anrufen zu wollen, dann ruf erst mich an, und ich bringe dich davon ab. Sei sicher, wenn ein Typ was von dir will, er wird sich melden. Wenn nicht, dann will er nichts von dir. So einfach ist das.«

So, nun hatte ich mein Fett weg. Wenn das so ist, dann haben bislang Millionen Frauen Millionen von Zeiten damit zugebracht, auf Anrufe von Millionen von Männern zu warten. Welch eine Verschwendung! Das sah selbst ich ein. Also dachte ich darüber nach, was ich denn Sinnvolleres tun konnte, statt auf diesen dummen Anruf zu warten. Ich konnte

1. meine Steuererklärung machen,
2. meine Steuererklärung vom vorletzten Jahr erledigen oder
3. endlich mal meine Weihnachtskugeln im Keller wegräumen, jetzt hatten wir bereits Sommer. Dabei fragte ich mich, ob es nicht viel praktischer wäre, sie gleich bis Dezember offen rumliegen zu lassen ...

Doch zunächst einmal nahm ich mir ein Glas Schorle, setzte mich in die Abendsonne und legte meine Füße hoch, um über die Worte von Elke nachzudenken. Was waren das nur für sonderbare Menschen, diese Männer! Warum musste alles im Leben nur mit Strategie ablaufen? Und überhaupt: Diese ewige SMS-Schreiberei, statt direkt persönlich anzurufen. Diese E-Mails, die so unverbindlich rüberkamen. Ich stand auf dem Standpunkt: Wenn ich Kontakt will, dann melde ich mich, indem ich mindestens anrief. SMS und E-Mails hielt ich für so unverbindlich, dass Mann sie sich auch sparen kann. Und was habe ich von einem Typ, der mir zum Beispiel zweimal in der Woche eine SMS schickt, ansonsten aber auf Tauchstation ist? Eben: gar nichts!!!

Jetzt war es bereits neunzehn Uhr. So eine Frechheit! Welcher normale Mann wartet bis Samstagabend neunzehn Uhr, um sich mit seiner Traumfrau zu verabreden? Ehrliche Antwort: Keiner. Was resultierte daraus? Die bittere Wahrheit: Anscheinend war ich nicht seine Traumfrau. Au, das tat weh!

Mittlerweile war meine feste Regel, dass derjenige, der sich nicht bis Mittwoch bemüht hat, mit mir für das Wochenende eine Verabredung zu treffen, an dem kommenden Wochenende kein Date erhält. Sorry, ich war eben viel beschäftigt, hatte schon etwas anderes vor.

So, und nun wurde es höchste Zeit, zumindest mit meiner Steuererklärung vom vorletzten Jahr zu beginnen.

Da kam mir eine wahnwitzige Idee: Ich hatte vor zwei Wochen gerade wieder begonnen, zu tanzen und von der Tanzschule sogar einen Tanzpartner erhalten, der eine Wochenend-Beziehung führte. Dieser Tanzpartner war begabt, was das Tanzen anbelangte, nicht gutaussehend oder schön, aber er hatte ein gewisses Etwas. Da kam mir die Idee, bevor ich weiter hier rumsaß und warten würde, dass das Telefon klingelte – pardon, ich die Steuererklärung machen würde –, ich mich doch mal erkundigen könnte, wie es ihm so ging und ob er geneigt wäre, mit mir zum Abschlussball zu gehen, bevor er dafür vergeben war.

Wie alles, was nicht richtig durchdacht war, musste auch diese Idee in einem Desaster enden. Ich rief also an, und nach dreimal Klingeln meldete er sich.

»Max«, antwortete er – das war sein Nachname. Ich spulte also mein Ströphlein ab und fragte, wie es ihm ginge, und ob er Lust hätte, mit mir zum Abschlussball zu gehen.

»Oh, jetzt muss ich dich aber unterbrechen«, sagte er, »meine Herzallerliebste sitzt gerade neben mir, und zu den Bällen gehe ich mir ihr.«

Ich schluckte und merkte, wie ich feuchte Hände bekam. So eine Sch... Ich hatte mal wieder voll hineingegriffen ins große Glück! Wie peinlich und überhaupt: seine Herzallerliebste? Natürlich war mir bekannt, dass er liiert war, doch wer nennt heutzutage seine Freundin noch seine »Herzallerliebste«? Ich fand das sehr übertrieben. Wer hatte mich schon jemals »Herzallerliebste« genannt? Niemand! Ein kleines Stück Neid konnte ich mir nicht verkneifen. Und ich dachte, diese »Herzallerliebste« musste ja wohl die Traumfrau schlechthin sein. Wie ich später feststellte, war sie das optisch nicht, als ich sie einmal sah, sie hatte aber bestimmt für ihn wichtige Qualitäten. So, da hatte ich mein Desaster und wusste zudem, dass ich auf den Ball allein gehen oder Ersatz besorgen musste. So schnell und souverän wie möglich versuchte ich, dieses peinliche Gespräch zu beenden und sagte so leichthin wie es ging: »Na ja, dann nehme ich jemanden anders mit, ich wünsche dir noch einen schönen Abend und ein schönes Wochenende. Ciao.« Ich hoffte doch sehr, dass dies elegant genug war, um meinen peinlichen Patzer auszumerzen. Dieses blöde Telefon aber auch! Ich sollte ein für allemal die Finger davon lassen, es war wohl wirklich nicht mein Medium, zumindest dann nicht, wenn es sich um Gespräche mit der männlichen Spezies handelt. Mit meinen Freundinnen kann ich stundenlang labern, ohne dass auch nur das Geringste von einem dummen Gefühl aufkommt. Aber wir wissen es ja inzwischen: Männer sind halt anders und überhaupt, sie telefonieren ja auch nicht gerne. Wenn sie das schon im Job müssen, so wollen sie zumindest in ihrer Freizeit nicht telefonieren. Vielleicht erklärt das die SMS- und E-Mail-Flut von Männern und ihre gegen Null strebende Anzahl von Anrufen. Worin dann der Unterschied zwischen männlichem Telefon-Hass und E-Mail und SMS-Liebe bestehen soll, weiß ich wirklich nicht. Aber das ist ja auch ein ganz anderes Thema.

18. Kapitel
Märchenstunde

Schon früh im Leben habe ich Märchen misstraut. Nein, nicht den Märchen, die wir landläufig als Kinder erzählt bekamen, sondern ich meine die gemogelten Märchen, das, was man uns erzählte, das, was nicht wahr war. Schon damals konnte ich genau unterscheiden, wenn mir ein Erwachsener versuchte, ein X für ein U vorzumachen.

So hat mir meine Mutter einmal erzählt, als wir in Urlaub fahren wollten, dort wäre eine Bibliothek vorhanden. Sie wollte mich damit daran hindern, einen ganzen Koffer voller Bücher mitzunehmen, denn seit jeher brauche ich jede Menge Bücher in meiner Umgebung. Natürlich stimmte das nicht, es war keine Bibliothek da, wie sich dann kurze Zeit später herausstellte. Lediglich hatten die drei Geschwister-Mädels, mit denen ich früher befreundet war und die mit ihren Eltern auch am gleichen Urlaubsort waren, Bücher mit. So gesehen, hatte meine Mutter noch nicht einmal unrecht, ich konnte bei diesen drei Mädels Bücher ausleihen. Sie waren wohl in den Augen meiner Mutter eine Art Mini-Ersatzbibliothek.

Auch als junge Frau und heute noch überkommt mich immer wieder ein seltsames Gefühl, wenn man mich anflunkert, ganz besonders bei nahestehenden Menschen, aber auch bei solchen, die mir nichts bedeuten. Ganz geschickt bin ich inzwischen im Aufdecken von Flunkereien, die sich Männer so einfallen lassen.

Das Ammenmärchen von der »Autopanne in Solingen« ist ja schon so uralt, dass es wirklich auch die letzte naive Tussi nicht mehr glauben kann. Es geht so: Mann ruft frau an, um eine Verabredung abzusagen weil er – Sie erraten es – die berühmte Autopanne in Solingen hat.

Vor nahezu zwei Jahren hat nochmal jemand versucht, mich aufs Glatteis zu führen und erzählte mir: »Ich bin versehentlich auf den Aus-Knopf meines Handys gekommen«, um mir zu erläutern, warum er nicht an sein Handy gegangen ist. Ha, ha, ha!

Mehr muss ich dazu wohl nicht sagen. Ich ließ einen Tag verstreichen und rief ihn dann an, um ihm mitzuteilen, dass er solche Ausreden bitte in Zukunft seiner Großmutter statt mir erzählen könnte. Er wäre schließlich ein erwachsener Mensch und könnte sein Handy ausstellen, wann immer er wollte und müsse darüber keine Rechenschaft ablegen. Aber solche blöden Storys wollte ich mir nicht mehr anhören.

Apropos »Handy«, da fällt mir noch eine »Paul-Episode« ein: Mit viel Freude und Sorgfalt hatten mein damals etwa siebenjähriger Sohn und ich uns eine besondere Überraschung für Papas Geburtstag ausgedacht. Wir kauften ihm sein erstes Handy. Denn während ich berufsbedingt bereits seit Jahren eines hatte, besaß er noch keins. Wir machten uns alle Mühe, ließen uns beraten, und mein Sohn konnte vor Ungeduld kaum abwarten, dass Paul es auspackte.

Als das Geschenkpapier auf dem Boden landete und Paul sah, was es war, donnerte er los: »Ich brauche kein Handy, ich will so etwas nicht. Das habt ihr nur gekauft, um mich zu kontrollieren, das wird euch nicht gelingen, tauscht es um!«

Ich erinnere mich, ich habe meinen Sohn, der Tränen in den Augen hatte, in die Arme genommen und mein Gesicht an seinem Hals verborgen, damit Paul nicht sah, dass auch ich bei dieser unerwarteten Eruption nahe am Wasser gebaut hatte. Am nächsten Tag brachte ich das Ding ins Geschäft zurück.

Aber zurück zu Ammenmärchen: Noch bescheuerter kam es, als gleich zwei männliche Wesen mir mit derselben Ausrede – allerdings zeitversetzt – kamen. Paul, mein Ex-Mann, hatte eine ganze Zeit lang die Angewohnheit, nachdem er bei uns ausgezogen war und die Kinder jedes zweite Wochenende bei sich hatte, samstags nachmittags mit Abwesenheit zu glänzen, um mindestens drei Stunden lang »einzukaufen«. Die Kinder waren in dieser Zeit alleine. Die gleiche Begründung erfuhr ich später bei Bob, der ebenfalls ganze Samstage verschollen war, um für seinen Einpersonenhaushalt einzukaufen. Die Einkaufsmasche funktionierte einige Zeit richtig gut, jetzt aber durchblickte ich sie. Es war das Alibi für ... ja, für was? Sie werden 's erraten.

Und noch eins lernte ich: Versuchte ich einen Mann anzurufen – zu einer christlichen Uhrzeit, versteht sich – und derjenige war nicht erreichbar, so war es ein Leichtes, wenn er nachher behauptete: »Ich war gerade im Waschkeller, unter der Dusche«, etc. etc. Was er dann tatsächlich gemacht hatte, wollte ich jedoch im Interesse aller Seiten nicht weiter untersuchen.

Die Steigerung ist, wenn wir während eines Telefonates mit unserem Angebeteten hören, wie im Hintergrund das zweite Telefon oder Handy klingelt und er partout nicht drangehen will. Den beschwichtigenden Worten: »Das Gespräch mit dir ist mir wichtiger im Moment«, zu glauben, sollten wir mittlerweile meilenweit entfernt sein.

Ich sage Ihnen: »Jeder Typ, der nicht an sein zweites Telefon geht, während er mit uns telefoniert, hat etwas zu verbergen, wirklich jeder!«

Alle diese Beispiele – und das sind welche von unterschiedlichen Männern, nicht von einem – zeigen natürlich auch, dass es in jedem Fall besser ist, »ihn« nicht anzurufen. Dann muss er uns nicht solche Lügen auftischen, und wir sind dagegen gefeit, dass er, wenn er uns einmal anruft, was auch schon mal vorkommen soll, bestimmt schon vorher dafür gesorgt hat, dass sein zweites Telefon nicht klingelt.

Aber auch sonst ist frau vor Märchen nicht sicher – wie Sie sehen können. Einer meiner Begleiter – ich hatte mir inzwischen in Ermangelung eines Einzigen, der alles vereint, einen richtigen »Stab« zugelegt an Begleitern: einer fürs Essengehen, einer fürs Theater, einer fürs Tanztraining und einer für Bälle etc., natürlich alles in allen Ehren – war seit Jahren geschieden und wollte angeblich nichts mehr von seiner Ex-Frau wissen. Es war mein Begleiter für Bälle. Er verbrachte jedes Weihnachtsfest mit ihr wegen »des Kindes«. Dazu müssen Sie wissen, dass das »Kind« fünfundzwanzig Jahre alt war. Aber es kommt noch besser: Kurz vor einem Weihnachten war er von Bad Honnef aus, wo er wohnte, rund vierzig Kilometer gefahren, um mit seinem

»guten Bekannten« den Weihnachtsmarkt in Lüftelberg anzuschauen. Dabei muss man wissen, dass Lüftelberg ungefähr das kleinste und unscheinbarste Kuhkaff in Nordrhein-Westfalen ist, frei nach dem Motto: sieben Häuser, drei Misthaufen ...

Jedenfalls dürfen Sie raten, wen er dort »zufällig« getroffen hat? Genau: seine Ex! Ich wusste noch gar nicht, dass Lüftelberg anscheinend zum Geheimtipp in punkto Weihnachtsmarkt befördert zu sein schien, denn ansonsten war es ja wohl kaum möglich, sich in diesem Drei-Seelen-Kaff »zufällig« über den Weg zu laufen. Wirklich süß! Aber er hat es so erzählt.

Wie dämlich musste ich eigentlich aussehen, dass die Kerle mir ständig solchen Mist erzählten und auch noch davon ausgingen, ich würde das glauben? Wahrscheinlich ziemlich dämlich. Oder sie gingen davon aus, die ist klein und zierlich und lächelt so süß, der kann man sowieso einen Bären aufbinden. Dabei vergaßen sie, dass nicht nur Bären ganz schön ihre Krallen ausfahren konnten, sondern auch Ladys.

Aber war das nicht traurig? Lebten wir in einer Zeit, in der wir nicht mehr glauben konnten, wenn der andere sagte, dass er gerade geduscht hatte oder einkaufen war? Anscheinend. Anscheinend war der menschliche Kontakt inzwischen so drastisch oberflächlich und unehrlich wie die Flirtbörsen im Internet.

Wie es ein guter Bekannter von mir neulich mal zutreffend sagte: »Das Einzige, was im Internet stimmt, ist maximal die Postleitzahl.« Ich hatte das vor Jahren mit dem Internet kurz mal ausprobiert und war zu dem gleichen Schluss gekommen. Da ich zudem beruflich angespannt bin und deshalb fast ständig nur vor dem Bildschirm sitze, habe ich privat keine Lust, mich zwangsweise jeden Abend vor den Compi setzen zu müssen, um ja nichts zu verpassen. Internet – das ist für mich keine Alternative und wird es auch nie werden. Und ich finde, es ist eine ziemlich peinliche, oberflächliche »Fleischbeschau«, so eine Art virtueller Viehmarkt. Viele Männer – habe ich gehört – klicken die attraktivsten Fotos an, ohne das Profil auch nur einmal gelesen zu haben. Da ist es wieder, das männliche Phänomen: »Diese Frau – hübsch – weich – warm – will ich haben ...« Dieser Zirkus, nein!

Man könnte es so zusammenfassen: Die Ehrlichen sind vergeben, und übrig bleiben die Lügner und Hallodris, die keiner will. Oder, wie eine Bekannte es neulich sehr drastisch, aber treffend ausdrückte: »Männer sind wie öffentliche Toiletten. Entweder sie sind besetzt oder besch...«

Und statt – endlich – meine Steuererklärung ein Stück weitergebracht zu haben, komme ich zu dem Ergebnis: Wenn es nur solche Exemplare gibt, dann lieber keines davon!

19. Kapitel

Das Gen 334 – Die Lösung auf alle Fragen?

Ich saß in einem der damaligen Endlos-Meetings und meine Gedanken drifteten ab. Ich suchte eine Erklärung für meine privaten »Reinfälle«.

Wenn ich auf meine vorherigen Jahre zurückschaute, sah ich, dass ich zwar einiges ganz gut konnte, aber bei dem Thema »Beziehungen« oder »Mann« chronisch danebengriff. Vielleicht sollte ich mal – wie ich neulich in einem Buch den Tipp erhielt – mein Beuteschema ändern. Das bedeutet, nicht immer wieder als Weib auf die gleichen Typen zu fliegen, die Frauen nur ausnutzen. Wie heißt es doch so schön in einem vor einiger Zeit erschienenen Buch: »Wenn es weh tut, ist es keine Liebe«. Genau!

Oder das Gen dreihundertvierunddreißig war schuld. Das war natürlich auch ein sehr aufbauender Gedanke. Nicht frau selbst, nicht die Spezies Mann, nicht das weibliche Beuteschema, sondern ein prägendes männliches Gen trägt die Verantwortung, wenn es mit Mann auf der ganzen Linie nicht klappt.

In einem Zeitungsartikel hieß es mal: »Männer mit dreihundertvierunddreißig haben eher Ehekrisen.« Danach wird die Beziehungsfähigkeit von Männern von ihrem Genotyp bestimmt. Forscher haben ein Gen ausfindig gemacht, das Einfluss auf die Beziehungsfähigkeit von Männern sowie auf die Qualität ihrer Partnerschaften und Ehen haben.

»Männer mit einer bestimmten Variante dieses Gens sind generell weniger bindungsfähig und häufiger unverheiratet«, so heißt es. »Auch die Zufriedenheit von Frauen mit ihrer Ehe hängt mit dem Gentyp der Männer zusammen«, berichteten die Wissenschaftler. Das Gen bildet einen Rezeptor für den Hirnbotenstoff Agenin-Vicaprozessin, kurz AVP. Frühere Untersuchungen hätten gezeigt, dass es bei Wühlmäusen Monogamie begünstige.

Paul Lichtenstein vom schwedischen Karolinska-Institut in Stockholm und seine Mitarbeiter untersuchten dann angeblich, ob dasselbe Gen auch beim Menschen die Bindungsfähigkeit beeinflusse. Dazu bestimmten sie, in welcher Variante das Gen bei insgesamt zweitausendeinhundertsechsundachtzig schwedischen Männern vorkam. Einen auffälligen Zusammenhang mit der Bindungsfähigkeit der Männer fanden die Forscher vor allem für eine »334« genannte Variante: Männer mit diesem Phänomen erreichten in einem Standardtest für Beziehungs- und Bindungsfähigkeit nur geringe Werte und lebten häufig in nichtehelichen Partnerschaften. Bei Männern, die die »334«-Variante sowohl von der Mutter als auch vom Vater geerbt hatten, war die Wahrscheinlichkeit doppelt so hoch, im letzten Jahr eine Ehekrise durchgemacht zu haben.

Ebenso äußerten sich Frauen am wenigsten zufrieden mit ihrer Ehe, wenn ihr Partner zwei Kopien von »334« besaß. Doch die Wissenschaftler betonten, insgesamt sei der Einfluss des Gens gering. Es eigne sich keinesfalls dazu, etwa die männliche Beziehungsfähigkeit vorherzusagen. Ach ja, wenn 's weiter nichts ist! Und wieso dann der ganze Quatsch?

Welche Resultate zog ich für mich daraus? Selbst wenn das Gen 334 schuld an allem Übel war, musste ich doch zugeben, diesem schon einige Male begegnet zu sein.

Natürlich stand in dem Artikel nicht, wie häufig das Gen 334 so im Durchschnitt der Bevölkerung vorkommt. Aber wenn es zutrifft, dass ich diesem Chromosom die Schuld am Scheitern meiner Beziehungen geben kann, musste es verstärkt bei den Männern in meinem Umfeld zu finden gewesen sein. So viel stand fest.

Oder konnte ich ein solches Gen magisch anziehen, so wie eine Art »selffullfilling prophecy« oder mit übernatürlichen Kräften? Manchmal erschien es mir so.

Und was übernatürliche Kräfte anbelangte: Ich wäre im Mittelalter wahrscheinlich sowieso auf dem Scheiterhaufen gelandet. Denn ich passe nicht ins Klischee, heute nicht und damals schon gar nicht. Dafür ist mein Rebellions-Geist viel zu vital und meine freche Klappe. Die wird wohl neben mir eines Tages eine extra Grabstelle brauchen, so schwer ist die zum Schweigen zu bringen. Am besten ist sie, wenn sie auf ein mindestens gleich freches Mundwerk trifft, wie zum Beispiel bei der ehemaligen Freundin meiner Mutter. Mit ihr ließ es sich vortrefflich lästern. Aber das ist ein anderes Thema.

Natürlich ist mir klar, dass meine Art, privat die Dinge verbal drastisch und plastisch darzustellen, die Sache mit der Beziehungskiste nicht gerade erleichtert. Zwar wollen Männer angeblich keine Frauen – wie erwähnt –, bei denen nur Mist herauskommt, sobald sie den Mund aufmachen. Aber die männliche Spezies ist nach meiner Lektüre vieler Ratgeber und Beziehungserklärer auch und vor allem eines: Sensibelchen. Das heißt, Männer können sich zwar bei einem mehr als fragwürdigen oder anzüglichen Witz ihres besten Freundes nach dem Konsum von fünf Flaschen Bier ausschütten vor Lachen und mit dem auf-die-Schenkel-hauen gar nicht mehr aufhören, aber ganz anders sieht das aus, wenn denselben Witz ihre Partnerin in Gesellschaft zum Besten gibt. Es gibt ja schließlich Grenzen, oder? Übertrage ich diesen Grundsatz auf eine generell freche weibliche Klappe, dann lebt 's sich als eine damit versehene Frau noch gefährlicher. Es wächst die Angst im Manne, auch er selbst könnte eines Tages zum Gespött dieses dreisten Schnabels werden. Und was passiert? Er kommt zwar immer noch heim – auch vom Zigarettenholen (weil das ja als politisch korrekter Mensch niemand mehr macht, da gewordener Nichtraucher) –, aber aus der gemeinsamen Höhle ist er wahrscheinlich doch bald dauerhaft entschwunden.

Wenn ich 's so betrachte, dann ist das Gen 334 nicht wirklich schuld, sondern eher die freche weibliche Klappe. Aber die haben ja nicht alle Frauen, und auch die Frauen ohne ein loses Mundwerk haben nicht immer Glück mit dem Anhängsel der Rippe, aus der wir entstanden sind. Also: Welche Begründung gibt 's noch für das Scheitern von Beziehungen? Wahrscheinlich unendlich viele, dachte ich, während ich auf die Uhr sah ...

Die mit meinem Uhrblick gleichzeitige Ankündigung: »Zehn Minuten Pause!«, riss mich aus meinen Gedanken und ich beeilte mich, um in der Sitzungspause nach draußen zu kommen und eine Zigarette zu rauchen.

20. Kapitel
Blauer Dunst

Während ich mir fröstelnd vor dem Sitzungsgebäude eine Zigarette anzündete, dachte ich an die ewige Nörgelei von Paul an meinem Rauchen. Ich gebe ja zu, dass das nicht ein besonders positives Laster ist. Aber welches Laster ist schon positiv? Schließlich haben wir beide geraucht, as wir uns kennenlernten und noch im Studium waren. Nach seinem Examen hat Paul das Rauchen dann aufgegeben, ich nicht, stattdessen meckerte er ständig. Da schon hätte ich die Beziehung infrage stellen sollen, noch lange bevor die Kinder da waren. Überhaupt standen vor meiner Ehe genügend Stoppschilder am Wegesrand, die mich hätten warnen können, aber ich übersah sie alle geflissentlich, dumm wie man in seiner Jugend halt so ist.

Noch einmal zurück zum Rauchen: Selbstverständlich rauchte ich nicht innerhalb der eigenen vier Wände. Das gebot schon der Schutz der Anderen, vor allem meiner Kinder. Aber auch wenn ich aus dem Garten zurückkam, regte er sich ständig auf: »Du stinkst wie ein Ascheneimer, geh aus meiner Nähe.«

Es kam so weit, dass er mir schließlich das Rauchen ganz verbot. Das führte dann zu der grotesken Situation, dass ich – eine Frau Mitte dreißig, mit gestandenem Beruf und solider Ausbildung – wie ein kleines Mädchen heimlich in den Garten schlich, wenn er schon schlief, um eine Zigarette zu rauchen. Unsäglich! Mein Gott, was habe ich mich klein gemacht! Die Kippen, die ich ja nicht mit hinein nehmen konnte, habe ich fein säuberlich unter einer Thuja gehortet, und zwar so, dass man sie im Vorbeigehen nicht sehen konnte.

Im nächsten Sommer kam dann aber die Wahrheit ans Licht. Meine Schwiegermutter war zu Besuch und hatte irgendetwas am Fuß, sodass sie nicht gut laufen konnte. Also bin ich wie immer mit den Kindern allein spazieren gegangen oder war auf dem Spielplatz. Als ich wiederkam, sah ich mich zwei Richtern gegenüber: meiner Schwiegermutter und Paul. Ich weiß nicht, wie, aber sie hatten die Kippen vom Winter unter den Sträuchern entdeckt. Eigentlich war das nur möglich, indem sie danach gesucht haben. Denn wer wühlt schon auf dem Boden am Stamm einer Thuja herum, wo es eigentlich nichts Besonderes zu finden gibt? Wer von beiden sie gefunden hat, weiß ich nicht. Meine Schwiegermutter hatte eine Verletzung am Fuß. Sie wird sich wohl nicht auf diese Suche gemacht haben. Ich denke, es war eher Paul, der ja auch in Recherchen der Annalen meiner Familie viel Spürsinn erwiesen hatte. Na ja, jedenfalls hatten die beiden, als ich zurückkam, fein säuberlich meine Exponate aufgesammelt und auf Zeitungspapier auf dem Terrassenboden ausgebreitet. Ich wurde ins Kreuzverhör genommen.

»Was ist das?«, fragte Paul, als wenn man das den Dingern nicht ansehen würde. Am liebsten hätte ich gesagt: »Erdbeeren, sieht man das nicht?« Ich sagte gar nichts. Mir war die Situation viel zu dämlich. Ich ging einfach ins Haus. Auch später weigerte ich mich, über dieses Thema noch einmal zu sprechen. Ich war zutiefst verletzt. Dieses Hinterherschnüffeln und das nur, um mich zu demütigen, was sollte das? Ich war eine erwachsene Frau! Sicherlich, es war nicht gesund zu rauchen, das wusste ich auch. Aber konnte man mir nicht zumindest das Rauchen lassen, wenn ich ansonsten gar nichts mehr hatte? Nein, Paul führte sich auf wie der liebe Gott. Er war der Richter meines Lebens. Er stand am Himmelstor und hätte mich, wenn er gekonnt hätte, mit Sicherheit ohne Rückfahrkarte in die Hölle geschickt, weil ich böses Weibchen rauchte, was er immer schon gewusst, selbst getan hatte und mich so auch geheiratet hatte. Unglaublich!

Später dann, als mein Sohn im ersten Schuljahr war und ich einen Tag frei hatte, vermisste ich meine Packung Zigaretten und mein Feuerzeug. Ich suchte und suchte und fand sie nicht. Dabei wusste ich noch genau, dass ich beides am Abend zuvor in den Küchenschrank gelegt hatte. Ich wurde immer wütender, denn inzwischen dämmerte es mir, dass die Dinge dort herausgenommen worden waren. Schließlich, einer Eingebung folgend, kniete ich mich auf das Parkett des Wohnzimmers und ließ meinen Blick unter den alten Möbeln schweifen. Plötzlich glaubte ich, meine Augen spielten mir einen Streich, denn unter einem Schrank – meinem Geschirrschrank – sah ich ganz hinten an der Fußleiste etwas Weißes. Ich fingerte, um daran zu gelangen. Ich hatte es: Es war meine Zigarettenpackung. Unglaublich! Ich konnte mir nicht vorstellen, dass Paul sich die Mühe gemacht hatte, sich so tief zu bücken bzw. sich mit allen Vieren platt auf den Boden zu legen, um die Packung zu verstecken. Für diese Verrenkung wäre er im Zweifel zu bequem gewesen. Aber wer dann? Als mein Sohn aus der Schule kam, befragte ich ihn: »Weißt du vielleicht, wo meine Zigaretten sind?«

Er wurde rot und fing an zu stammeln: »Ich, ich ...«, weiter kam er nicht, es fehlten ihm sichtlich die Worte. Es war mir ziemlich klar, dass er etwas damit zu tun hatte. Nun wollte ich noch wissen, wie viel er wusste. War er etwa mit Hilfe eines Stuhles an das Küchenfach gelangt, wo meine Sachen lagen? Das konnte ich mir kaum vorstellen. Denn von klein auf waren die Küchenschränke sowie alles, was im Wohnzimmer stand oder lag, für meine Kinder tabu. Daran hatten sie sich stets gehalten, und auch, als sie kleiner waren, war nichts zu Bruch gegangen, die beiden hatten kein Putzzeug getrunken oder versucht, ein Messer auf dessen Schärfe auszuprobieren. Glück gehabt!

Auch die versteckten Zigaretten sahen so keinem meiner Sprösslinge ähnlich. Selbst wenn sich in den oberen Fächern der Küche Süßigkeiten befanden, haben sie nie versucht, von selbst daran zu gelangen. Das ist allerdings seit der frühen Kindheitsphase anders.

Ich bohrte weiter: »Wo sind sie?« Mein Sohn bemerkte meinen Blick und verzog das Gesicht, wie er es immer tat, kurz bevor er weinte. Ich beruhigte ihn: »Wenn du mir die Wahrheit sagst, bekommst du keine Strafe.«

»Da«, sagte er und zeigte auf besagten Schrank.

»Da«?«, tat ich blöd.

Und in Windeseile kroch er unter den Schrank, wandte seinen Kopf, damit er nicht an den Schrank anstieß, reckte den Arm und kam heulend wieder zum Vorschein: »Sie sind nicht mehr da!«

»Ja«, teilte ich ihm mit, »weil ich sie gefunden habe.« Nun ging das Schluchzen erst recht los. Ich nahm ihn in die Arme, putzte ihm die Nase und fragte dann: »Wo hast du die Packung her?« Er schaute mich mit seinen tränennassen Augen an und sagte im Brustton der Überzeugung: »Von Papa!«

Von Papa? Das konnte doch nicht wahr sein! Gab er jetzt einem Sechsjährigen Zigaretten? Mir wurde heiß. »Wieso von Papa?«

»Er hat sie mir gegeben und gesagt ... ja, gesagt, gesagt ...«, stammelte mein Sohn, »die Mama raucht sowieso zu viel, versteck mal die Packung ganz hinten unter dem Schrank, da wird die Mama sie nicht finden.«

Mir blieb vor Entsetzen der Mund offen stehen. Hatte der Vater seinen Sohn angestiftet, mein Eigentum zu verstecken? Und seinen Sohn dazu gebracht, etwas gegen mich Gerichtetes zu tun und – mal wieder – demonstriert, dass sich Papa und Mama nicht einig sind? Würden das nicht die künftigen kriminellen Jugendlichen werden, die schon mal zu Hause üben, wie man Anderen Sachen wegnimmt? Na, super! Dieser Akt war ja pädagogisch höchst wertvoll! Ich versuchte, zu erziehen und Vorbild zu sein und dann solch ein Vater!

Langsam sammelte ich mich wieder und tröstete meinen Sohn, machte ihm aber auch klar, dass er niemals, wirklich niemals, Sachen von anderen wegnehmen oder verstecken dürfe. Ich führte ihm vor Augen, wie er das fände, wenn jemand seine Sachen verstecken würde.

Abends stellte ich Paul zur Rede. Sein einziger Kommentar war: »Dann lass das Rauchen sein.« Wirklich null Unrechtsbewusstsein, in keiner Beziehung, auch nicht in der Erziehung seiner eigenen Kinder.

Die Pause war vorbei. Und im Zurückgehen zum Sitzungssaal dankte ich der höheren Macht, dem Universum oder wem auch immer, dass diese Phase meines Lebens schon lange vorbei war.

21. Kapitel
Pubertät

Pu-ber-tät! Nur Eltern, die diese bei ihren Kindern erleben oder schon hinter sich haben, wissen, wie man dieses Wort ausspricht und wissen um all das, was in dieser Zeit auf sie zukommt beziehungsweise zukam. Landläufig übersetzt ist Pubertät für Jugendliche: »Wenn die Eltern schwierig werden.«

Und plötzlich ist sie vorbei, die Kindheit, ohne Vorwarnung – quasi von einem Tag auf den anderen – räumte mein Nachwuchs seine Zimmer aus, trennte sich von über Jahre geliebten Matchboxautos, Legos, Spielen und Puppensachen. Als Zwischenlager diente unser oberer Flur, bis ich alles in Umzugskartons verstaute und erst mal in der Garage deponierte. Anschließend verkaufte ich es.

Die Zimmer selbst wurden komplett umgeräumt. Inzwischen verfügt jeder meiner beiden Nachwuchskräfte über ein breites Bett (man weiß ja nie ...), einen modernen Schreibtisch und diverse Unterhaltungselektronik, was bei meinem Sohn schon im Alter von dreizehn Jahren so weit führte, dass er einen gebrauchten Laptop hatte.

Auch vor dem Anzieh-Geschmack machte die allzu deutliche Veränderung im Wesen meiner Kinder nicht halt. Passé die Zeiten, in denen ich ihnen ein paar Jeans oder Sweatshirts von irgendeinem Laden mitbringen konnte. Denn mit Sicherheit traf ich inzwischen ihren Geschmack nicht mehr. Und Billigläden waren sowieso uncool, wie es uncooler nicht mehr sein kann. Inzwischen habe ich, dank meines geänderten Kaufverhaltens für sie, das sowohl beim Herrenausstatter als auch bei den bei jungen Damen angesagten Damenmoden-Geschäften stattfindet, wieder eine höhere Treffer-Quote.

Auch die Freizeit-Aktivitäten änderten sich: Waren es früher die Treffen mit Freunden »zum Spielen« wurden es schnell dann die Treffen »zum Chillen« oder »Abhängen«, was nichts anderes bedeutete, als nichts zu tun und maximal zu quatschen. Noch härter als die Veränderung bei meinem Sohn traf mich die Pubertät meiner Tochter.

Staunend begleitete ich ihre Metamorphose vom lieben, anhänglichen, süßen, kleinen Mädchen in einen zeitweiligen Kaktus. Jeder noch so kleine Pickel läutete eine Katastrophe ein, wogegen der Beginn des Dritten Weltkrieges eine Farce gewesen wäre.

»Die ganze Stadt redet von meinem Pickel«, war einmal ihre größte Sorge. Im Gegensatz zur männlichen Pubertät schlägt die weibliche weitaus seltsamere Blüten. Die Ablage des Badezimmers ist chronisch überfüllt mit Schminksachen meiner Tochter, die damit locker alle Douglas-Filialen in ganz Deutschland für über ein Jahr ausstaffieren könnte. Q-Tipps, Pads und Einmalwaschlappen werden anscheinend gegessen wie Mahlzeiten, einen solch »regen Verbrauch« konnte ich registrieren, ganz zu schweigen von dem Zimmer meiner Tochter. Dies war – natürlich – damenlike umgerüstet und wurde nach ihren Wünschen in black & white mit Nostalgiebett und Kronleuchter ausstaffiert. Ein echt schönes Zimmer, nur, dass man es im Normalzustand nicht sehen, geschweige denn betreten konnte. Denn Tausende von Kleidungsstücken waren überall, vorzugsweise auf dem Boden verstreut, zwischen leeren Wasserflaschen, Zettelchen und Schokoladenpapierchen. Aber weder betteln, bitten noch drohen hat bislang geholfen, diesem Chaos Einhalt zu gebieten. Nicht einmal die Aussicht, dass ich einmal irgendwann auf Kosten meiner Tochter den Kammerjäger bestellen müsste, ließ meine Madame aufräumen.

Inzwischen bin ich ganz cool dazu übergegangen, die Türe zu schließen, um das Elend nicht anschauen zu müssen. Lange vorbei sind die Zeiten, in denen ich zweimal in der Woche durch ihr Zimmer robbte, um die schmutzige Wäsche herauszuholen. Ich dachte, sie werde schon sehen, wenn sie nichts mehr anzuziehen hat, was zugegebenermaßen bei ihrer Kleiderschrankfülle lange dauerte.

Weibliche Pubertierende scheinen echt hartlebig zu sein. Aber es gibt ja auch immer so viel Wichtigeres zu tun als aufzuräumen, wie zum Beispiel stundenlang chatten oder telefonieren. Die Krönung hat meine Tochter vor einiger Zeit kreiert und könnte sie sich glatt als neueste Idee des Jahres patentieren lassen: Chatten und telefonieren gleichzeitig und im Hintergrund der Fernseher, sozusagen Multimedia!

Eine weitere Blüte, die die weibliche Pubertätszeit – jedenfalls in meinem Haus – begleitet, ist weitaus schwieriger für mich in den Griff zu bekommen: Ich stehe morgens frisch geduscht vor meinem Kleiderschrank und suche mich fast zu Tode, um eine neue braune Strickjacke, die ich vor kurzem bei H & M erstanden habe, zu finden. Grundsätzlich habe ich Ordnung in meinem Schrank und weiß, wo ich etwas hingetan habe. Eine geschlagene Dreiviertelstunde stand ich vor dem Schrank, fror und fluchte vor mich hin. Nichts war zu finden. Am Ende war ich so genervt, dass ich mir einredete, ich hätte den Kauf dieser Jacke nur geträumt. Umso erstaunter war ich dann, als abends gegen neunzehn Uhr die Haustür aufging und meine so verzweifelt gesuchte Strickjacke am lebenden Objekt – nämlich meiner Tochter – das Haus betrat.

Und das war leider kein Einzelfall. Mit nahezu allen Sachen ging es mir so. Meine Tochter hatte in diesem Falle überhaupt null Unrechtsbewusstsein und meinte: »Bist du halt selbst schuld, wenn du so coole Klamotten hast.« Den einzigen Schrank, den sie bislang in Ruhe gelassen hat, ist der, in dem sich mein Büro-Outfit befindet, Hosenanzüge und Kostüme. Das ist alles schrecklich uncool, weil alles in dunklen Farben und überhaupt ... Wie gesagt, alles andere war nicht sicher, sogar Schlafanzüge verschwanden auf seltsame Art und Weise.

Aber auch die Pubertierenden selbst müssen schlimm leiden, wie ich inzwischen gelernt habe. Das Schlimmste sind dabei peinliche Eltern. Das sind Eltern sowieso grundsätzlich, quasi per Status, aber auch besonders in bestimmten Situationen. Zum Beispiel wurde zwar das Mama-Taxi häufiger als in Kleinkind-Zeiten in Anspruch genommen, wenn es da überhaupt noch eine Steigerung geben konnte, aber keiner der Freunde sollte sehen, dass man gebracht oder geholt wurde. Das hieß so viel im Klartext: eine Ecke früher oder später anhalten; selbstredend war Begrüßungs- oder Abschiedshupen das Oberpeinlichste, das sich Eltern in solchen Situationen zuschulden kommen lassen konnten. Das stand ungefähr auf der gleichen Stufe der Unsäglichkeit wie offene Kritik im Beisein der Freunde.

Uncool für Eltern war zudem alles, was auffiel. Damit meine ich nicht einen rosarot-lilagestreiften Porsche zu fahren, sondern ganz alltäglich Dinge, wie ich sie manchmal machte: am Steuer meines Wagens fluchen oder nicht korrekt parken. Diese Dinge kamen gar nicht gut an bei meiner weiblichen Beifahrerin und je nach Dicke und Verbreitungsoberfläche des Pickels konnten solche Aktionen direkt in den nächsten Atomkrieg münden. So empfand ich jedenfalls das darauf einsetzende Wortgefecht, das umso heftiger war, desto schlechter die Laune zu sein schien.

Ein absolutes No-go war natürlich, sich selbst jugendlicher zu präsentieren als die Jugendlichen selbst. Hier teile ich ausnahmsweise mal die Ansicht meiner Nachwuchskräfte. Auch ich finde nichts peinlicher als eine Mutter, die sich benimmt, schminkt und kleidet wie eine Fünfzehnjährige, womöglich noch mit Bauchfrei-Oberteil.

Was mich dagegen freute, war, dass die beste Freundin meiner Tochter mich vor einiger Zeit wohl zehn Jahre jünger geschätzt hat und das, obwohl sie auch meine »ungeschminkte Wahrheit« kannte. Na ja, andererseits: Seien wir doch mal ehrlich: Als wir fünfzehn Jahre alt waren, waren doch alle über zwanzig schon altersheimreif, oder? Da war es doch schließlich egal, ob jemand fünfzig oder vierzig Jahre alt war.

Und – oberpeinlich soll sein, wenn die Eltern in den Stammkneipen ihres Nachwuchses aufkreuzen. Meine beiden Jugendlichen hatten mich diesbezüglich schon rein vorsorglich gewarnt.

In diesem Zusammenhang haben mir andere Eltern berichtet, dass sie bei einer solchen Gelegenheit bereits an der Eingangstür begrüßt wurden mit dem Satz: »Oh Gott, jetzt kommen die schon zum Sterben hierher.« Sehr freundlich, das muss ich sagen. Na ja, aber mal ehrlich: Waren wir anders? Wir haben 's vielleicht nicht gesagt, aber gedacht haben wir 's doch, oder?

Und ob wir 's uns eingestehen oder nicht: Manchmal sind wir doch auch ziemlich zufrieden mit dem, was wir bislang da so großgezogen haben, ich zumindest. Es gibt Situationen und Momente, die zeigen, dass Elternteile anscheinend nicht nur alles falsch gemacht haben. Es sind diese Highlights, die einen immer wieder hoffen lassen und die dazu beitragen, die Zeit der Pubertät der Kinder durchzustehen. Denn bei allen täglichen Diskussionen – ich vergleiche das mit jungen Hunden, die an der Leine zerren – und vor allem bei der Diskussion um Heimkomm-Zeiten: Manchmal war es einfach nur verwunderlich. Plötzlich tauchte meine Tochter neben mir in der Küche auf und fragte: »Kann ich dir etwas helfen?«, oder mein Sohn sagte beim Hinausgehen, die Mülltüte erblickend: »Soll ich die mitnehmen und in die Tonne werfen?«

Oder aber auf der anderen Seite das Mitgefühl, wenn es mir nicht gutging. Meistens wurde ich auch beim Nachhausekommen gefragt: »Wie geht es dir, wie war dein Tag?«, und oft hörte ich nach einer Mahlzeit: »Danke für das Essen, es hat gut geschmeckt.« Dies waren alles Sätze, von denen ich weiß, dass sie nicht in jeder Familie selbstverständlich sind, in meiner Ehe schon gar nicht. Das sind auch die Momente, die mir das Herz aufgehen lassen, und vergessen sind dann jeder Ärger und Diskussionen über Nichtigkeiten – bis zum nächsten Ärgernis.

Natürlich war ich auch bei den folgenden Ereignissen stolz wie eine Enten-Mutter, die ihre Jungen im Watschelgang in Reih und Glied hinter sich herführt. So zum Beispiel die Auftritte meiner Tochter mit ihrer riesiggroßen Tanz-AG ihrer Schule, wofür die ganze Crew stets ein ganzes Jahr geprobt hatte sowie der Abschlussball der ersten Tanzstunde meines Sohnes letztes Jahr, wie er im Anzug tanzend eine super Figur machte, die erfolgreichen Schulreferate, wenn ich zuvor Vortragstechnik mit ihnen geübt hatte. Ihre Produkte in Gips und Ton in den ersten Klassen des Gymnasiums aus dem Kunstunterricht, das Klavierspiel meines Sohnes, die künstlerische Gestaltungsfähigkeit meiner Tochter. Vor einigen Jahren haben wir beide zudem angefangen, auf Leinwand zu malen, was uns seitdem Freude bereitet, wozu wir aber aus Zeitgründen viel zu selten kommen.

Trotz aller Änderungen gibt es Dinge, die sich wohl nie ändern werden, zum Beispiel, wer ist eigentlich dieser »Ichnicht«? Seit ich mich erinnern kann, beherbergt unser trautes Heim ein drittes Kind. Es heißt: »Ichnicht«. Alle kennen es, nur mir selbst ist es persönlich nicht bekannt. Ich höre nur seine Stimme. Für mich steht nur fest, dass es ein grauenvoller Schlamper ist.

»Wer hat die Haustüre offen gelassen?«

»Ich nicht.«

»Wer hat das Stück Seife im Ausguss aufweichen lassen?«

»Ich nicht.«

»Wer hat die halbe Zahnpastatube zum Dekorieren des Waschbeckens benutzt?«

»Ich nicht.«

»Wer hat die nassen Handtücher im Badezimmer auf den Boden geworfen?« Usw. usw.

Dieser Ichnicht wird mich noch zum Wahnsinn bringen. Er hat zwei Paar Regenschirme verloren und vier Paar Schuhe, und er hat sein Fahrrad irgendwo stehen gelassen. Er hat seine Sportsachen in der Schule verloren und seine Klassenarbeitshefte zum größten Teil auch. Zu allem Überfluss lässt er ständig muffelige alte Lebensmittel in seinem Zimmer zurück.

Als neulich das Telefon klingelte, raste ich vom oberen Stock hinunter, fiel fast die letzte Stufe runter, riss mir beim Festhalten am Geländer den Fingernagel ein, und als ich gerade noch rechtzeitig an den Apparat kam, sah ich, wie meine Tochter den Hörer auflegte. »Wer war es denn?«, fragte ich keuchend.

»Weiß ich nicht.«

Noch ein unbekanntes Kind?

Als ich das einer Freundin mal erzählte, sagte sie: »Mach dir nichts draus. Ich habe auch seit Jahren ein unsichtbares Kind.«

»Wie heißt denn deines?«

»Niemand.«

Ich: »Auch so ein grässlicher Balg?«

Sie sagte: »Mit dem verglichen waren Max und Moritz Musterknaben.«

Aber es war schon mal schlimmer. Als Paul noch bei uns wohnte, fragte ich abends beim Abendessen alle, ob wir am nächsten Tag Spagetti kochen wollten. Da blickte Paul hoch und sagte: »Mir egal.«

Das konnte nur bedeuten: Ichnicht hatte mal einen Bruder, der wohl inzwischen mit Paul ausgezogen ist, den ich aber auch nie gesehen habe.

Aber die Pubertät hat auch Vorteile: Man sieht als Elternteil irgendwann alles gelassener.

Sicher, noch ist nicht alles geschafft, noch muss ich mit wachen Augen und gutem Feeling den Rest der Pubertät begleiten. Nicht umsonst heißt es: Kleine Kinder kleine Sorgen, große Kinder große Sorgen. Aber inzwischen halte ich die Pubertät für nicht mehr und nicht weniger als:

P = Prioritäten
U = und
B = Beziehungen
E = Einer
R = Rein
T = Temporär
Ä = Ätzenden
T = Thematik (mit Priorität auf »temporär«)

22. Kapitel
Was sich kaum ändern lässt

Das schlimmste Thema? Die lieben Kleinen oder die netten Pubertierenden haben ein viel schwereres Leben als wir. Jeden Morgen ist es ein Kraftakt. Erst muss das Küken aus der Eierschale, das heißt aus dem Bett und dann in die böse Welt hinaus in die Schule.

Wie ich neulich gelesen habe, sind Kinder generell die gebildetsten, belesensten, best erzogenen Menschenexemplare auf dieser Welt. Na ja, hoffen wir mal, die These stimmt. Aber dann würde die Pisa-Studie hinsichtlich der Bildung doch Lügen gestraft, oder? Wenn es aber so ist, warum ist die Einstellung der Schüler zum Schulleben so unverständlich? Neben dem Galeerensklaven, dessen Kapitän sich in den Kopf gesetzt hat, Wasserski zu laufen, ist das bedauernswerteste Wesen dieses Planeten der Teenager, der seinem ganztägigen Schuljob nachzugehen hat. Niemand leidet wie er. Niemand wird so wenig anerkannt. Bei meinen Kindern habe ich den Eindruck, sie betrachten sich als »Menschenopfer auf dem Altar der Schikane«. Schon das Wort »Schule« verursacht bei ihnen Hautausschlag.

Neulich musste ich mir anhören: »Es ist gemein, ihr alle habt das durchgemacht, also muss ich auch beweisen, dass ich diese Nummer abreißen kann, oder was meint ihr? Stimmt 's?«

Wenn ich meinen Nachwuchs so höre, so sind diese beiden die einzigen Schüler, die den ganzen Tag in der Schule lernen müssen, ehe sie heimkommen und chronisch verkünden: »Ich habe nichts auf.« Seltsamerweise scheint es in letzter Zeit eine Epidemie in beiden Gymnasien zu geben, dass es stets keine Hausaufgaben gibt. Und meine Kinder sind anscheinend die einzigen Schüler, die ihr seniler Lehrer schikaniert, indem er brutal darauf besteht, dass sie morgens pünktlich in der Schule erscheinen. So mein Eindruck.

Einmal sagte meine Tochter: »Wenn ich für die Schule Geld bekäme, wäre ich schon längst reich!«

Ich konterte: »Wenn ich für die Hausarbeit Geld bekäme, bräuchte ich nicht mehr zu arbeiten.«

Wenn das so weitergeht, muss ich wohl der Tatsache ins Auge sehen, dass meine Kinder später die ersten Arbeitnehmer sein werden, die noch vor Ablauf der Probezeit in den wohlverdienten Ruhestand treten.

Aber es gibt noch andere Dinge, die sich nicht ändern lassen. Anscheinend gibt es eine ganze Menge mechanischer Verrichtungen, von denen keiner in unserem Haushalt weiß, wie sie gemeistert werden, außer mir. Weil ich außerdem häufig auf Dienstreisen bin, kam mir die Idee, so eine Art »Überlebensbuch für Nachwuchskräfte« zusammenzustellen. Es sollte alles enthalten, was ihnen helfen könnte, im praktischen Leben nicht zu scheitern, wenn ich nicht zu Hause war.

Dazu gehört in jedem Fall Klopapierrolle erneuern: Man umfasst die Rolle mit der ganzen Hand und schiebt sie dann seitwärts, wo sich die Öffnung der Klopapierhalterung befindet. Dann nimmt man eine neue Toilettenpapierrolle und schiebt sie genau auf diesem Weg wieder auf den Halter. Anschließend kommt das Wichtigste: Man nimmt die leere Rolle und schmeißt sie in den Abfall! Abfall? Was ist das denn?

Herd:

Wer warm essen will, braucht einen warmen Herd. Vorsicht: Bitte genau den Knopf betätigen, worauf ihr auch den Topf stellen wollt, und bitte in jedem Fall eine Pfanne oder einen Topf verwenden, nicht das Essen so auf die Platte schmeißen!

Türe schließen:

Die schwerste Aufgabe. Hierfür sollte ich mal einen Einführungskurs anbieten. Dabei sieht das Schließen der Türen schwerer aus, als es ist. Türen sind nicht zum Schmeißen da. Wenn die Türe offen steht, dann versichert euch, dass keine Fremdkörper (Schulsachen, Katzen, Teppiche) im Wege sind, dann greift ihr fest an der Klinke und zieht sie l-a-n-g-s-a-m zu, bis sie einrastet. Der weit verbreitete Irrtum: Türen sind nicht deswegen fester geschlossen, wenn man sie zugeschmissen hat.

Und noch ein Highlight: Licht ausknipsen.

Unser Strom kommt zwar aus der Steckdose, kostet aber anscheinend kein Geld!

Duschen?

Ja, gerne, aber am liebsten dreistündig mit täglich neuen Badetüchern. Denn unser Wasser kostet ebenfalls nichts! Und Badetücher? Die fühlen sich anscheinend nur in einem wilden Haufen, höher als der Himalaja, wohl, und zwar auf dem Badezimmerboden, nass.

Das heftigste Phänomen in der Pubertät ist aber folgendes: Mütter sind an allem, wirklich allem schuld.

Ein Beispiel von meiner Tochter: »Weil du mich nicht in die Schule gefahren hast, habe ich den Bus verpasst. Deswegen war ich zu spät. Weil ich mich so sehr beeilen musste, um den Bus zu bekommen, habe ich die Hausaufgaben vergessen. Weil ich die Hausaufgaben vergessen habe, habe ich eine Strafarbeit bekommen. Und weil du schuld bist an der Strafarbeit, muss ich sie machen, sonst bekomme ich eine Klassenkonferenz!« Oh, die Dame war aber gut drauf. Aus Erfahrung wusste ich, dass es besser war, jetzt nichts zu sagen und sie erst mal Dampf ablassen zu lassen. Kaum gedacht, ging es weiter: »Und Französisch habe ich auch verhauen.«

»Ist das auch meine Schuld?«

»Genau, dabei habe ich dir extra in der Nacht vorher gesagt, dass ich noch lernen muss, und trotzdem hast du mir das Licht ausgedreht.«

»Es war halb zwei in der Früh.«

»Ist doch kein Grund.«

»Und zu Mittag habe ich heute auch nichts gegessen wegen dir«, ging die Litanei weiter.

»Und was habe ich damit zu tun?«

»Wer hat mich denn zum Mittagessen in der Schule angemeldet, wo es immer nur Schweinefraß gibt? Und außerdem hast du mir keine Entschuldigung für vorgestern geschrieben, als ich krank war.«

»Die Entschuldigung habe ich auf deinen Schreibtisch gelegt.«

»Wie soll ich denn unter all diesem Mist einen Zettel finden? Wenn ich jetzt eine schlechte Note bekomme oder als unentschuldigt gelte, dann geschieht dir das ganz recht! Manno«, setzte sie das Gezeter fort, »ich hab mich vorhin mit ein paar Freundinnen unterhalten und alle haben gesagt, Eltern können ihre Kinder wirklich fertigmachen.«

Ich konterte: »Ich bin nicht Manno, ich bin kein Mann, ich bin eine Frau!«

Sie: »Dann halt Frauo!«

Bei solchen Tiraden könnte ein ungeübter Zuhörer schon mal in die Verlegenheit kommen, sich für seine Lebensberechtigung zu entschuldigen. Ich hingegen kannte ja das tägliche Trara und hatte inzwischen ein dickes Fell. Na ja, an manchen Tagen hatte sich anscheinend mein Fell etwas gelichtet und ich fragte mich verdrossen, ob ich denn als Prellbock für alles herhalten musste. Fragte mich, wieso nur ich wusste, dass wir im Besitz einer Spülmaschine waren, die auch mal ausgeräumt werden musste. Manchmal dachte ich auch, es sei meiner optischen Täuschung zu verdanken, wir lebten in einem Haus mit ganz normalen Dimensionen, aber in Wirklichkeit lebten wir in einem Schloss mit Hunderten von Räumen, sodass man sich verlaufen konnte. Anders war die Tatsache nicht zu erklären, dass anscheinend keiner meiner beiden aufstrebenden Nachwuchskräfte je wusste, wo sich die Küche befand, und gebrauchte Gläser, leere Joghurtbecher samt Löffeln und geöffnete Chipstüten sich in ihren Zimmern türmten. Was eher für die Theorie spricht, dass nicht ich an optischer Täuschung, sondern meine Kids an partiellem Gedächtnisverlust litten. Dieser setzte anscheinend nie ein, wenn es darum ging, sich Nahrung zu besorgen. Denn dann fanden sie sogar die Küche – und den stets gut gefüllten Kühlschrank. Ein seltsames Phänomen!

Mir ist auch schon passiert, dass jemand sich wohl mal einen Streich erlaubt hat und nachts an unser Haus ein Schild mit der Aufschrift »Jugendherberge« angebracht haben muss. Anders konnte ich mir nicht erklären, wieso ich eines Sonntagmorgens, als ich die Treppe zum unteren Flur herunterkam, fein säuberlich statt der üblichen zwei, sechs Paar Schuhe zählte. Wenig später öffneten sich die Zimmertüren meines Nachwuchses und die Jugendlichen erwarteten Frühstück. Aber: Hotel Mama ohne vorherige Reservierung habe ich – sobald der Besuch meiner Kinder fort war – ein für allemal unterbunden. Zumindest könnte man ja mal, bevor Übernachtungsgäste mitgebracht werden, fragen. Wäre ja wohl das Mindeste!

23. Kapitel

Deutsch-Notstand

Mit der Pubertät wurde ich auch in schulischen Fragen mehr herausgefordert ...

Das rappelnde Handy riss mich aus meinen Gedanken und aus der Sitzung, an der ich gerade teilnahm. Mit Handy am Ohr eilte ich geschäftig aus dem Saal, während ich flüsterte: »Habe gerade Sitzung, Sekunde bitte ...«, eilte weiter. Endlich, die Sitzungssaaltüre fiel hinter mir ins Schloss. Hastete weiter ein Stück über den Flur, damit drinnen nicht alle während einer Gesprächspause, in der keiner was sagte, etwas mitbekommen konnten.

Jetzt erkannte ich auch die Stimme, die von mir etwas wollte. Es war meine Tochter. »Mama, ich muss etwas schreiben, kannst du mir helfen?«

»Was ist es denn?«, fragte ich.

»Ich muss etwas schreiben zu der Aussage: Kein Kanzler wurde mehr bekämpft und verehrt wie Willy Brandt. Stimmt das, Mama?«

Huch, was für eine Frage, schoss es mir durch den Kopf und grammatikalisch total falsch, fand ich. Wie sollte ich ihr nur in der Kürze der Zeit sagen, was ich meinte? »Für Politik?«, fragte ich.

»Nein, für Deutsch.«

Also konnte ich beruhigt meinen Anfangsgedanken wegen der Grammatik fortsetzen. Aber ich musste wieder in die Besprechung und versprach ihr, mir, bis ich zu Hause wäre, Gedanken zu machen.

Zurück in der Besprechung dachte ich an die Auswüchse der deutschen Sprache. Dass keiner weiß, dass mit dem Komperativ nicht *wie* steht, sondern *als* war mir in den letzten Jahren bereits öfter im Fernsehen und in der Zeitung aufgefallen. Ähnlich wie der düstere Tod des Genitivs durch die Allmacht des allgegenwärtigen Dativs, wie man in dem gleichnamigen Buch *Der Dativ ist dem Genitiv sein Tod* bereits am Titel erkennen kann.

Wenn kein Kanzler mehr bekämpft und verehrt wird *wie* Willy Brandt, wen wundert 's, dass Politiker, Manager und Philosophen einheitlich in einer Talkshow meinten: »Die Reformchancen in Deutschland sind größer *wie* vor einem halben Jahr.« Während die Rechtschreibreform durch Deutschland rollte und sich mit so heiklen Fragen beschäftigte, ob ein Schwimmmeister zwei oder drei Meter »um die Ecke braucht«, sind weite Strecken der deutschen Grammatik zur Sahara ausgedörrt. Nichts gilt mehr, erlaubt ist, was gefällt, so scheint 's.

Die Grammatik ist vor dem Hintergrund des Aufschreis nach dem Ergebnis der Pisa-Studie doppelt unverständlich. Wie sollen unsere Kinder Grammatik lernen und richtig Deutsch sprechen, wenn selbst Berühmtheiten sich verhaspeln. Genauso verhält es sich beim Superlativ, der eine Einzigartigkeit verdeutlicht, quasi die Spitze der Steigerungen. Das heißt, es kann immer nur *einen* wichtigsten deutschen Kunsthistoriker und *eine* beste Schauspielerin geben. Aber was ist mit denen, bei denen es nicht ganz bis zum Gipfel reicht? Denen will man nicht weh tun und bezeichnet sie in Neudeutsch im Fernsehen und Zeitungen mit *einer der wichtigsten* ... oder *einer der besten* ... Und damit tritt man wahrscheinlich auf den empfindlichsten Fuß von Germanisten.

Und was war das vorhin? Schon am Anfang des Meetings geisterte ein neuer Begriff durch den Saal: »verargumentieren«. Jeder nahm ihn in den Mund, so, als ob er den Klang ausprobieren wollte, oder wie es sich anfühlt, dieses Wort auszusprechen. Ich bin sicher, niemand, aber auch wirklich niemand, konnte sich darunter etwas vorstellen. Aber alle taten so, als ob sie genau wüssten, was es bedeutete. Ich bemühte mich, wie in der Schule, ebenfalls wissend in die Runde zu schauen, hielt aber vorsichtshalber meinen Mund. Hatte das Wort etwas Negatives wie viele Wörter der deutschen Sprache, die mit *ver* beginnen? Zum Beispiel *ver*schlingen, *ver*sagen, *ver*treiben usw. Dann wäre *ver*argumentieren quasi das Argument ad absurdum führen bzw. *ver*nichten. Oder bedeutete es genau das Gegenteil, das Argument aufnehmen und die zu lösende Problematik zu einem guten Ende führen?

Ich weiß es bis heute nicht. Das Wort ist – außerhalb meiner Firma – wie vom Erdboden verschluckt und auch in keinem Duden zu finden. Meine spätere Suche bei Google brachte ebenfalls kein Licht ins Dunkel. Dort stieß ich lediglich auf ein Forum, in dem sich die Teilnehmer über ihre Nichtkenntnis dieses Wortes austauschten. Ihre unterschiedlichen Definitionsversuche waren ebenso kompliziert und gaben nichts Erhellendes her wie das Wort *verargumentieren* selbst. Ich könnte es – so absurd finde ich es – zum Un-Wort des Jahres küren, ja, *ver*flixt!

Mit dieser Idee beendete ich meinen kurzen gedanklichen Exkurs in die Untiefen der deutschen Sprache und verfolgte weiter die Sitzung, über die ich anschließend einen Artikel für das Internet schreiben sollte.

24. Kapitel

Ende des Maulwurf-Daseins

Gleichzeitig mit fortschreitender Pubertät musste ich Folgendes feststellen: Anderthalb Jahrzehnte oder mehr hatte ich meine Kinder, die sich darauf verließen, dass ich persönlich für ihre grundlegendsten Bedürfnisse zuständig war, musste sie aufheben und in den Autositz setzen, Fläschchen und Safttüten für Notfälle einpacken, Sicherheitsgurte am Kindersitz befestigen und die Türen und Fenster hinten im Auto verriegeln, damit sie sie nicht ohne mein Dazutun öffnen konnten. Eine Ewigkeit hatte ich von dieser unbeschwerten Freiheit geträumt, wenn es so weit ist, dass die Kinder größer sind. Und endlich war es so weit. Mein Maulwurf-Dasein, wie ich die vielen Jahren der Rückstellung meiner eigenen Bedürfnisse bezeichne, neigte sich plötzlich dem Ende zu.

Aber war ich darauf vorbereitet? Mitnichten, und das, obwohl ich stets berufstätig geblieben war. An dem Punkt, als meine Kinder selbstständiger wurden, schien mir teilweise mein Dasein überholt. Ich war ein Dinosaurier, ein Überbleibsel aus längst vergangenen Zeiten. Klar, mein Nachwuchs brauchte mich noch immer für eine Reihe von Mama-Diensten wie Chauffeur-Tätigkeiten, das Erklären von politischen Zusammenhängen und zum Ausfüllen von Entschuldigungszetteln für Schulsport, nicht erledigte Hausaufgaben und dergleichen mehr. Aber tief in meinem Innern wusste ich, dass ich ein Kapitel meines Lebens fast abgeschlossen hatte. Ich hatte meine Kinder bislang erfolgreich ins Leben geschickt, und rein theoretisch waren sie fähig, ohne mich zu überleben und zu gedeihen.

Da dachte man die ganzen Jahre, das wäre der Zeitpunkt, von dem alle Mütter träumen, der Punkt, an dem wir ziemlich sicher waren, dass wir die alten Spielsachen im Keller verstauen und das Abo für die Zeitschrift *Eltern* kündigen konnten. Und wir waren endlich wieder in der Lage, uns einige Stunden pro Woche für Fitness oder Hobbies freizuhalten oder mal was anderes zu lesen, was mehr Zeit in Anspruch nahm als im Stehen eine Tafel Schokolade in der Küche zu vertilgen. Das Einsammeln von Spielzeug zählte nicht mehr zu unseren Pflichten ebenso wenig wie das Abwenden solch lebensbedrohender Gefahren wie das Verschlucken von Puzzleteilen, allergischen Reaktionen auf Impfstoffe, das Wundsein von Popos oder Stürze aus dem Gitterbettchen.

Mit anderen Worten: Nichts stand mehr zwischen uns und unserem spontanen und unbeschwerten Ich, das in der Zeit vor den Kindern in voller Blüte gestanden hatte – so dachte ich einst.

Und all die Jahre ließen wir uns – so töricht es klingt – von unserem Unterbewusstsein leiten und glaubten, dass wir am Ende der Erledigung unserer Haupterziehungspflichten in das lebhafte und sorgenfreie Leben der jungen Frau zurückgehen könnten, das wir einmal geführt hatten. Aber dafür lagen zu viele Jahre und zu viel Lebenserfahrung dazwischen – und zu viel Verantwortung.

Was ich nun feststellte, war, dass ich auch das Leben in der etwas größeren Freiheit als bisher erst erlernen musste. Gab es doch kein einziges Buch für Mütter, das sich mit dem Thema befasste, wie sie ihr Leben gestalten und bereichern könnten, wenn ihre Kinder keine Babys mehr sind und das Teenageralter noch nicht ganz hinter sich haben. Kein einziges Buch, kein Ratgeber – zumindest konnte ich keine finden bislang –, in dem ein klarer Kurs für Mütter aufgezeichnet wurde, wie sie ihr Leben zusammenhalten können, wenn die Kinder sie nicht mehr so notwendig brauchen. Und kaum ein Wort war darüber veröffentlicht worden, was aus uns Müttern wird, wenn wir aus dem unterirdischen Labyrinth des Maulwurfdaseins, in dem wir als junge Mütter lebten, auftauchen, wenn die Kinder irgendwann das Haus verlassen. Und schon gar kein Buch weit und breit darüber, was man mit seiner wiedergewonnen Freiheit anfängt, ohne oder mit Ehemann oder Partner.

Kein Zweifel: Ich konnte inzwischen meistens die Früchte meiner Erziehung genießen. Meine großen Kinder waren meine Begleiter, meine Eingebung, meine moralischen Wegweiser. Ob meine Tochter mir in der Öffentlichkeit dezent mitteilte, dass ich Lippenstift an den Zähnen hatte oder mein Sohn mich daran erinnerte, dass ich auch mal legal parken könnte – ihr Dasein machte mich zu einem besseren Menschen. Die Tatsache, dass sie mich auch mit meinen Fehlern liebten, ist das Sahnehäubchen auf der Torte. Durch sie saß ich in der ersten Reihe und beobachtete, wie Geschichte im Kleinen gemacht wurde, so lange ich genug Energie aufwandte, um all die historischen Ereignisse zu verfolgen, die meine Kinder in einen Tag packten. Egal, ob es früher das Berühren einer Seeanemone oder das Drachen-steigenlassen war oder heute größere Dinge, stets wurde ich von ihrem Staunen und ihrer Begeisterungsfähigkeit angesteckt, bis heute. Und es ist ungeheuer spannend, ihre Veränderungen, ihre Entwicklung zu begleiten.

Und genauso, so sagte ich mir, sollte es mir – wie es meinen Kindern vergönnt war - auch vergönnt sein, mich erneut zu verändern. Nein, es sollte mir nicht nur vergönnt sein, ich musste es auch, um meiner Kinder und um meiner selbst willen. In ein paar Jahren – und das war schon bald, ich rechnete nach, in drei Jahren – würde mein Nachwuchs wahrscheinlich das Haus verlassen. Ich wäre also gut beraten, wenn ich bereits jetzt die Weichen für diese Zeit stellen würde, um nicht später wie eine Glucke dem Freiheitsdrang meiner Kinder entgegenzustehen und vor Langeweile zu sterben wie viele andere Eltern, deren Kinder aus dem Haus sind. Jetzt galt es also, vorzusorgen.

Ich fing zunächst mit meiner Tochter an zu malen – Acryl auf Leinwand. Machte richtig Spaß und etliche Bilder entstanden in Coproduktion. Dann überwand ich mich, in dem ich das erste Mal alleine – ganz alleine – in Urlaub fuhr, während die Kinder Papa-Ferienzeit hatten.

Beim Kofferpacken kamen Erinnerungen in mir hoch, wie die beiden Urlaube waren, die wir zu viert mit ganz kleinen Kindern unternommen hatten. Es waren in all den Jahren nur zwei oder drei Urlaube, weil Paul behauptete: »Ich habe kein Geld.«

Zunächst ging es im Sommer an den Chiemsee, mit dem Auto natürlich. Schon die Freude an sich, diese weite Strecke im Auto mit Kleinkindern hinter sich zu bringen, hatte etwas. Die Unterkunft selbst hatte ich – weil preiswerter – über einen Reiseservice meines Arbeitsgebers buchen können. Schon auf der Hinfahrt ereignete sich Übles: Paul fuhr innerhalb einer Baustelle selbstverständlich auf der Überholspur, bei Nieselregen und zu schnell. Er versuchte, einen Lkw, der auf der rechten Spur fuhr, zu überholen. Ein waghalsiges Mannöver. Er hatte bereits zwei Drittel des Lkw erreicht. Plötzlich scherte der Lkw nach links auf unsere Spur aus. Die Kinder schrien, ich sah den Lkw auf meiner Beifahrerseite immer näher kommen. Ich glaube, ich schrie auch und dachte: Das war 's! und schloss die Augen. Paul hupte und versuchte eine Vollbremsung. Langsam, quälend langsam sah ich die Szenerie, sah, wie der Lkw plötzlich gegensteuerte und auf seine alte Spur zurückfand. Mein Herz raste, die Kinder schrien weiter, und ich versuchte, sie zu beruhigen: »Es ist uns nichts passiert!«

Vor der nächsten Raststätte deutete uns der Lkw-Fahrer mit Handzeichen, dass wir hinter ihm auf den Parkplatz fahren sollten.

Dort angekommen, sprang Paul aus dem Auto, zerrte den Mann aus dem Führerhaus und brüllte auf ihn ein. Der Fahrer gab zu, im Sekundenschlaf gewesen zu sein und bat flehentlich, ihn nicht anzuzeigen. Er wollte auch die neuen Bremsen unseres Autos, die nun hinüber waren, zahlen. Schließlich konnte ich Paul überreden, das angebotene Geld für die Bremsen zu nehmen und den armen Kerl laufen zu lassen. Im Fernsehen hatte ich mal einen Bericht darüber gesehen, wie sehr manche Unternehmen ihre Fahrer drangsalieren und sie rauswerfen, wenn sie eine Strecke nicht in gewisser Zeit fahren und ihren Fahrtenschreiber nicht manipulieren. Vielleicht musste dieser Mann auch eine Familie ernähren, dachte ich.

Paul nahm das Geld und ließ ihn fahren. Mir zitterten noch die Knie, und ich verstand nicht, wieso Paul mit seiner Überholerei solche Manöver riskieren musste. Ich schwieg, hatte aber eher Lust, umzukehren. Heute noch habe ich vor Lkws auf Autobahnen höllischen Respekt. Und während ich sonst eine recht zügige Fahrerin bin, bin ich auf Autobahnen eher lahm.

Die Kinder lästern immer: »Auf der Landstraße rasen und auf der Autobahn kriechen.« Nun ja, aber muss ich denn schneller als 130 km/h fahren? Ich bin doch kein Mann, der viele PS braucht, um seine mangelnde Potenz auszugleichen, oder? Eben!

Ich starrte in den halb offenen Koffer, verbat mir weitere Gedanken an meine Ehezeit und nahm mir vor, die vor mir liegende Woche Urlaub aus vollem Herzen zu genießen.

25. Kapitel

Neue Wege

Zugegeben, es war nicht leicht, festzustellen, dass das gesamte bisherige Leben im Umbruch war. Aber wegschauen nutzte nichts. Die Frage war: Wie stelle ich es an, mein Leben erfüllt und für mich zufrieden zu gestalten, während die Kinder sich immer mehr ablösen? Der Zufall kam mir öfters zu Hilfe, als ich dachte. Etwa vor einigen Jahren – ich hatte gerade gecheckt, dass Bob endgültig nach Braunschweig ziehen würde – fragte ich mich, ob ich wegen dieser gescheiterten Beziehung Trübsal blasen oder zur Abwechslung in meiner wenigen Freizeit mal etwas für mich Sinnvolles unternehmen wollte. Da fiel mir im Frühsommer in der Wochenendausgabe unserer örtlichen Zeitung eine Anzeige auf, in der jemand eine Person suchte, die in der Lage war, eine Biografie zu schreiben. Biografie? Ich dachte nach. So etwas hatte ich bislang noch nicht geschrieben.

»Und, was soll 's?«, sagte ich mir, »dann versuchst du es halt. Das kannst du.« Gesagt, getan. Ich schrieb auf die Chiffre-Anzeige und erhielt einen Vorstellungstermin. Um es kurz zu machen: Ich bekam den Job und war fortan damit beschäftigt, nebenberuflich über das Leben einer anderen Person zu schreiben. Die Arbeit war sehr intensiv, machte aber auch großen Spaß und lenkte mich vor allen Dingen von einem ab: von negativen, schlechten Gedanken. Ich schrieb und ich recherchierte und recherchierte und ich schrieb, und damit fand ich einen Teil meiner neuen Erfüllung. Natürlich gab es auch Zeiten, in denen ich meinen Text las und mich fragte, ob dies überhaupt jemanden interessieren würde, Zeiten, in denen ich Selbstzweifel hatte, ob ich das, was ich tat, überhaupt konnte. Aber in der überwiegenden Zeit, die mir als Freizeit verblieb, schrieb ich. Dabei tauchte ich in eine Welt ein, die ich das »totale Abschalten« nenne. Diesen Zustand kenne ich von meiner Malerei, aber auch, wenn ich intensiv Schränke aufräume. Ich war beim Schreiben so konzentriert, dass ich fast nichts mehr in meiner Umgebung wahrnahm, was vor sich ging. Mittlerweile wurde dieses Buch veröffentlicht. Und ich kann nur sagen: Es war ein Wahnsinns-Feeling, das erste eigene Buch in Händen zu halten!

Ich hatte aber auch ganz viel Glück. Von den vier Verlagen, die ich anschrieb, wollten zwei das Buch vermarkten. Wahnsinn! Jetzt konnte ich auch noch die besseren Konditionen aushandeln. Unfassbar, wenn man sich vorstellte, wie viele Menschen erfolglos versuchen, ihr Geschriebenes bei auch nur einem Verlag unterzubringen!

Und dieses Glück wurde noch getoppt: Nachdem das Lektorat meines Verlages, für den ich mich entschieden hatte, das Buch gelesen hatte, erhielt ich von dort einen Anruf mit der Bitte: »Sie können uns noch ein Manuskript schicken!« Ich hörte wohl nicht recht. Noch ein Manuskript? Ganz verdattert antwortete ich: »Ich habe keines mehr, das war mein erstes.«

»Dann schreiben Sie noch eines!«

Wa-a-a-s?, dachte ich. Nicht zu fassen. Ich glaubte zunächst, meinen Ohren nicht zu trauen.

»Ja«, war die Antwort auf meine Nachfrage, »schreiben Sie, schreiben Sie irgendetwas.« Ich konnte mein Glück nicht fassen, überlegte mir ein Thema, besprach es mit dem Verlag, schrieb und sandte die ersten fünfzig Seiten, die fertig waren, zum Probelesen, ohne zu wissen, was ich noch alles in den Rest des Buches packen würde.

Kurze Zeit später bekam ich das O. K. zum Weiterschreiben. Ich konnte es nicht fassen!

Der nächste sogenannte Zufall, der mir geholfen hat, war der Tanzstunden-Abschlussball meines Sohnes. Dieser für ihn – und natürlich auch für mich, als stolze Mutter, – wichtige Abend war für mich ansonsten öde und langweilig. Ich saß zwischen zwei Herren, die weder das Wort an mich richteten noch tanzten, die ich aber beide kannte. Eine wunderbare Situation für einen Ball. Und daher bekam ich in meiner notorischen Langeweile und zwischen zwei Zigarettenpausen draußen die Idee, mit dem Tanzschulleiter zu sprechen. Ich fragte ihn: »Haben denn vielleicht so Grufties wie ich die Chance, in Ihrer Tanzschule zu tanzen?«

Und er meinte: »Ja, selbstverständlich, wir haben einen Tanzkreis.« Das klang super gut. Ich hatte zwar seit dreißig Jahren nicht mehr getanzt, sogar mit Paul einen notorischen Nichttänzer geheiratet, aber in meiner Jugend hatte ich Turniertanz betrieben, und das war wirklich die Sportart, die mir richtig Spaß machte. Warum also nicht?, dachte ich mir. Schließlich war ich noch nicht im Altersheim.

Dann riss mich die Frage des Tanzschulleiters aus meinen Illusionen: »Haben Sie denn einen Partner?« Oje, das hatte ich natürlich nicht. Und ich sagte es ihm. Ja, sagte er, da würde die Sache schwierig werden.

Na ja, hätte mir ja klar sein müssen, dass Leute in meinem Alter zu zweit zu den Tanztreffs gingen. Forsch und mutig antwortete ich jedoch: »Vielleicht ergibt sich ja mal was mit einem Partner, ich gebe Ihnen gerne meine Handy-Nummer.« Gesagt, getan. Mehrere Monate hörte ich nichts, und irgendwann bekam ich den Anruf, dass unter Umständen jemand »frei« sei. Die weiteren Details erspare ich Ihnen und mir, aber – wie soll ich 's sagen – ich bin happy und bin seit einiger Zeit wieder einmal wöchentlich dabei, zu tanzen, natürlich nur zu tanzen. Denn mein Tanzpartner ist ansonsten schwer liiert. Ich kann gar nicht beschreiben, welche Steigerung der Lebensqualität ich durch diese neue Bewegung bekam. War ich früher jahrelang nur ein Schreibtisch-Täter und Hausfrau mit einseitigen Bewegungen gewesen, bewegte ich jetzt den ganzen Körper, und wie weggeblasen waren meine Rücken-Probleme. Es tat mir leid für meinen Orthopäden, aber er schien derzeit an mir nichts mehr verdienen zu können.

Und das Dritte war dann der erste Urlaub allein. Das hatte ich vorher stets vermieden. Ich hatte zuvor Angst vor Katzentischen etc. und blöden Blicken gehabt. Aber dann – ich wusste auch nicht wieso – reizte es mich, einmal wirklich nur auf der faulen Haut zu liegen und mit Wärme und Sonne verwöhnt zu werden. Da kam mir der Tipp einer Bekannten genau gelegen, die mir ein superschönes Hotel auf Mallorca empfahl, das nicht in die Kategorie der üblichen Touristen-Burgen passte. Ich buchte einen Billig-Flieger, buchte das Hotel und verschwand eine Woche in der

Zeit, in der meine Kinder ihre »Papazeit« in den Ferien hatten. Für die Katze war gesorgt. Und ich habe es genossen. Ich hätte es nie für möglich gehalten, wenn ich es nicht ausprobiert hätte, aber ich konnte alleine reisen! Und das sogar mit viel Spaß! Es war ein wunderschönes Hotel, in dem ich eine riesige Terrasse für mich alleine hatte, ständig zwischen Sonne und Schatten wechseln konnte, weil tropische Palmen meine Terrasse umsäumten. Und ich schaute aufs Meer. Wenn ich Lust hatte, nahm ich den Bus und fuhr damit nach Palma oder in andere Orte und schaute mir die Insel an. Schnell entdeckte ich ein kleines spanisches Bistro, das von Einheimischen geleitet wurde, in dem ich nachmittags meinen Kaffee trank und mich mit den Inhabern nett unterhielt. Das reichte für meine Konversation. Klar, mit dem Katzentisch, das musste geübt werden. Am Anfang – so dachten die Kellner – könnten sie mich von den besten Tischen zu den schlechteren Plätzen auf der Terrasse zum abendlichen Essen verbannen. Erst als ich in perfektem Englisch – in diesem Hotel wurde ausschließlich Englisch gesprochen, was mir nichts ausmachte, – meine Wünsche nachdrücklich verdeutlichte, lief die Sache, und zwar für den Rest der Woche. Für mich stand fest: Hierhin reise ich noch einmal.

In dem Hotel hielten sich fast ausschließlich Briten auf, die zwischen achtzig und neunzig Jahre alt waren. Ich senkte also den Altersdurchschnitt rapide.

Überhaupt: Ich machte die Erfahrung, dass es doch noch recht viele gut erzogene Kavaliere gibt. Trotz des Vergraulens der Männer durch Emanzen nach dem Motto: »Meine Türe. Ich kann sie alleine aufmachen«, haben sich anscheinend nicht alle Männer verschrecken lassen und helfen nett einer allein reisenden Lady.

Besonders habe ich dabei die Situationen an Gepäckbändern der Flughäfen genossen. Kaum wollte ich meinen Koffer vom Band hochhieven, war schon eine rettende Männerhand zur Stelle und hob mir mein Gepäck auf sicheren Boden. Den Dank – ein nettes Lächeln – nahm schließlich jeder gerne entgegen. Das Leben konnte doch so einfach sein! Warum vermiesten sich die Emanzen jede noch so kleine Erleichterung des Alltags? Ich werde es nie begreifen.

Apropos: Koffer hieven. Hier gibt 's noch eine Episode. Nach dem Urlaubsdesaster mit Paul am Chiemsee, dem Unfall auf der Hinfahrt, Dauerregen, mieser Unterkunft und vorzeitiger Rückkehr überzeugte ich Paul, dass jeder Urlaub mit kleinen Kindern nur mit Wasser, Sand und Sonne Sinn macht. Schweren Herzens ließ er sich – angesichts der damit verbundenen Kosten – zu Ferien auf Mallorca in einem kindergerechten Club mit Kinderanimation bewegen. Ich rang ihm dieses Versprechen ab, indem ich wie meist die Hälfte der Reise bezahlte.

Natürlich ist das Gepäck mit kleinen Kindern umfangreich, und ich vertrat die logische Ansicht, besser zwei große Gepäckstücke als tausend kleine. Also kaufte ich zwei – zugegebenermaßen – überdimensional große Koffer, in denen dann auch alles Platz fand.

Paul tobte: »Mit diesen Koffern reise ich nicht.« Dennoch packte ich alles hinein und wollte gerne den Vorabend-Check-In wahrnehmen, weil dies am Flugtag mit zwei ungeduldigen Kids stressfreier ist. Ich wartete also auf Paul, dass er mit mir die Koffer zum Flughafen fuhr.

Als er abends erschien, meinte er: »Schau zu, wie du die verdammten Dinger ins Auto und nach Köln bekommst!«

Ich sollte also die Koffer alleine aufgeben, kein Problem! Und er weigerte sich auch, mir die Koffer in den Kofferraum des Autos zu heben. Ich stand da wie ein begossener Pudel.

»Wenn du das nicht alleine machst oder schaffst, dann bleiben wir eben hier«, sagte er und grinste hämisch.

Das wäre doch gelacht, dachte ich mir, zerrte die für mich viel zu schweren Koffer zum Auto, doch dann war guter Rat teuer, denn ich konnte sie nicht in den Kofferraum heben. Ziemlich resigniert setzte ich mich auf einen der beiden. Zurück ins Haus gehen und meine Niederlage zugeben wollte ich nicht, um keinen Preis.

Glücklicherweise kam kurz darauf ein Nachbar, der mir aus der Situation half und die Koffer ins Auto lud. Schon auf dem

Weg zum Flughafen fragte ich mich, wie ich die Dinger auf den Gepäckwagen gehievt bekäme? Aber das war überhaupt kein Problem. Ein Mann, der neben meinem Auto gerade seinen Wagen belud, fragte mich freundlich: »Kann ich helfen?« Und schon waren die Koffer auf dem Wagen. Auch beim Check-In-Schalter fand ich Erbarmen, und der hinter mir stehende Herr übernahm die Aufgabe meines Gepäcks. Ja, es gibt sie noch, diese männlichen Prachtexemplare. Von denen hatte ich mit Paul anscheinend keines erwischt. Aber jeder soll ja angeblich seines Glückes Schmied sein!

Der Urlaub selbst war – wie der letzte – ein Desaster, aber aus anderen Gründen. Gut, auch mein Ding ist ein Cluburlaub nicht wirklich. Aber mit kleinen Kindern ist er tatsächlich eine Alternative. Wir – Paul und ich – hätten sogar auch halbe Tage für uns gehabt, da die Kinder in der Zeit betreut wurden. Aber Paul verdarb die Stimmung von unserer Ankunft bis zum Abflug durch sein ewiges Genöle um das ganze Geld, das der Urlaub kostete, und das nicht einmal oder zweimal täglich, sondern mindestens stündlich. Zusätzlich erschwerend für mich war, Zugang zu ihm zu finden. Denn das recht große Appartement mit Wohnraum und zwei Schlafzimmern teilte er von vorneherein so auf, dass in jedem der Schlafräume einer von uns mit je einem Kind schlief. Zusätzlich kam es zu keinem Gespräch, zu keinem Wort. Damals schon schaute Paul durch mich hindurch. Ich war nicht vorhanden. So haben wir auch in diesem Urlaub die günstige Gelegenheit verpasst, uns wieder auszusöhnen.

Der dritte Punkt, der mir den Urlaub ruinierte, war, dass Paul – wie bereits beschrieben – auch hier das Rauchverbot verhängte. Damit war er dann doch sehr der heutigen Zeit voraus. Da soll mal einer sagen, Paul sei nicht modern gewesen!

Aber wir waren bei meinem ersten Urlaub, alleine. Ich würde ihn jederzeit wiederholen!

Und die Frage, wie stelle ich es an, mein Leben zufrieden zu führen, auch wenn die Kinder aus dem Haus sind, ist für mich inzwischen weitgehend beantwortet. Ich habe einen Beruf, der mir Freude macht, und in den Hobbies Malen, Schreiben, Tanzen und auch mal alleine reisen erfüllende Freizeitaktivitäten gefunden. Was will ich mehr?

26. Kapitel
Männliche Alternativen?

»Ja, aber«, werden Sie jetzt sagen, »immer ohne Partner?« Damit stellt sich unweigerlich die Frage, welche Möglichkeiten sich uns bieten, ohne noch einmal den gleichen Fehler zu machen und zu heiraten.

Natürlich könnten wir ins Kloster gehen. Aber das ist eher langweilig. Ich weiß auch nicht, ob die mich mit meiner frechen Klappe nähmen. Zudem habe ich meine gesamte Gymnasial-Zeit in einer Nonnenschule verbracht. Viele Gebete, viele Messen, viele Exerzitien und die Abifahrt nach Rom. Rom war toll, aber ansonsten lehne ich inzwischen das Kloster für mich eher ab. Und was würde der Nachwuchs dazu sagen? Kein PC, kein Gameboy, von I-Pod und Super-Handy ganz zu schweigen, kein McDonald, sondern Grünkohl, oder sind sie dort mittlerweile moderner? Und wahrscheinlich keusche Kleidung. Wir wurden damals noch zum Umziehen nach Hause geschickt, wenn wir a) zu kurze Röcke, oder b) zu unangemessene Oberteile anhatten. Das Nachhauseschicken machten sich natürlich einige Mädchen zunutze und trugen diese Teile sonst nie, aber an den Tagen, an denen Klassenarbeiten anstanden.

Nein, Kloster geht also gar nicht. Ich für meinen Teil habe bis zum Abi meine katholische Pflicht voll erfüllt. Meine christlichen Ideale kann ich auch ohne Kirche, Katholizismus und Kloster weiter erfüllen und mache das auch. Ich kann auch ohne Kirche helfen.

Und jetzt? Ich habe mir da eine ganze Menge Ideen angelesen.

Ja, das wär 's doch: Teilzeit-Single!

Es gibt das berühmte Beispiel mit dem Wasserglas. Die einen sagen: »Es ist halb voll.«

Die anderen sagen: »Es ist halb leer.« Ähnliches gilt für die Beziehungskonzepte der modernen Nomadenvölker. Es gibt die Fernbeziehung, und es gibt den Teilzeit-Single. Beides ist dasselbe.

Zum Beispiel arbeitet einer in Köln, der andere in München, und man sieht sich nur am Wochenende und findet das offiziell gar nicht schön. Aber insgeheim gibt es jede Menge Leute, die das Pendeln selbst zwar nicht schön finden, aber dieses Hin- und Hergleiten zwischen Singledasein und Beziehung wissen sie zu schätzen, denn es bietet von beiden Lebensformen jeweils das Beste. Das Allerbeste daran ist, dass man sich nicht entscheiden muss. Wenn man in die andere Stadt kommt, kommt man nicht nach Hause, sondern zu Besuch. Teilzeit-Single kann eine schöne Sache sein, für beide Seiten. Wer ungestört allein sein darf, ist dann zu zweit auch wieder zu allem bereit, vom Bett bis zum Italiener das ganze Programm durchzuziehen, und bevor es langweilig werden kann, geht dann wieder der Flieger in die Stadt, in der man arbeitet, in das andere Leben. Diese Art Beziehung ist ideal für alle Menschen mit Bindungsängsten.

Für alle diejenigen, die sich nicht zwischen Trieb und Freiheit entscheiden können, ist das Teilzeit-Singlemodell geradezu erlösend. Ach ja, und noch ein Vorteil: Es gibt nichts Unangenehmeres als Trennungen, bei denen auch der gemeinsame Lebensmittelpunkt, der Hausrat, getrennt werden muss. Einer muss die Wohnung verlassen, umziehen, die Möbel rausschaffen – ein quälender Prozess, der komplett wegfällt, wenn eine Fernbeziehung beendet wird. Denn der Teilzeit-Single geht einfach nur aus dem Haus und kommt nicht mehr zurück. Auch seelisch muss er sich nicht groß umstellen. Er ist ja daran gewöhnt und weiß, wie es ist, allein zu sein.

Aber am Ende: Die Sache hat für mich einen großen Haken, ich bin faul geworden. Ich möchte nicht mehr das halbe Wochenende damit verbringen, von A nach B zu fliegen, fahren etc., möchte abends nur die Füße hochlegen, zumal im Winter. Oder maximal dreißig Minuten fahren, um das zu tun. Und was nun? Eine Teilzeit-Single-Beziehung im näheren Einzugsbereich?

Das wär 's ja noch. Ich sehe mich schon im Geiste eine Anzeige aufgeben mit etwa folgendem Text:

Beziehung gesucht: alltagstauglich, aber nicht täglich, gesundes Maß von Nähe und Distanz, etc.

Wer würde darauf antworten? Das wäre eine typische Anzeige nach dem Motto: »Wasch mir den Pelz, aber mach mich nicht nass.«

Ganz ehrlich: Würde ich selbst darauf antworten? Hand aufs Herz: eher nicht! Ich würde denken: Wieder so ein Idiot, der nur Sex will und keine Verantwortung!

Also, die Sache mit dem Teilzeitsingle per Anzeige lasse ich lieber.

Was bleibt? Es vielleicht doch mit einem gefühllosen Macho zu versuchen? Lieber nicht. Es soll sie ja geben, diese Weibchen, deren weiches Herz ihnen zuflüstert: »Bedenke doch, er hatte eine harte Kindheit.«

Bei diesem Gedanken passiert, was nicht passieren darf. Die Augen des weiblichen Wesens bekommen einen seidig-matten Glanz, und die Hände werden feucht, ihr Herz schlägt im Dreiviertel-Takt. Statt den Unterdrücker zu hassen, zu bekämpfen und endgültig zu eliminieren, verstehen viele Frauen selbst eine Beleidigung als gerechtfertigte Kritik und wünschen sich nichts sehnlicher, als den armen Perfektionisten endlich restlos glücklich zu machen.

Diese Frauen sind nicht länger vorlaut, schweigen ungefragt wie eine gut ausgebildete Hausdame und pflegen mit viel Aufwand ihr Äußeres. Wenn der Mittelpunkt ihres Lebens, ihr Lebensstern, das Wort an sie richtet, wirken sie hellwach, aber immer unaufdringlich und bescheiden, antworten kritisch und intelligent, geben sich aber grundsätzlich unwissender als der Meister selbst. Beschäftigen ihn wichtige Dinge, wenn die Dame gerade eine bescheidene Anfrage stellen will, wartet sie geduldig, atmet leise, um ihn nicht zu stören, durch die Nase, steht dekorativ und unaufdringlich neben der Blumenvase und dem Schirmständer. Richtet er dann das erlauchte Wort an sie, ist sie in Sekundenschnelle startklar wie eine Aufziehmaus, immer bereit, auf den kleinsten Fingerzeig seinerseits sofort loszurennen, um das von ihm Gewünschte zu holen.

Stopp! Sind denn diese Weiber von allen guten Geistern verlassen? Oder brauchen sie einen, der sie mit Haut und Haaren frisst, um sie dann unverdaut als kleines, schleimiges Fellknäuel wieder auszuspucken? Einen Machtmenschen mit Sammlertick, der die Frauen wie einen Bierdeckel oder eine Münze seiner Sammlung beifügt und von diesem Moment an nur noch weiß, dass er sie mal besaß?

Wenn diese Frauen mal kritisch die Qualifikation ihres Helden unter die Lupe nehmen würden, müssten sie sich fragen, welches Know-how denn dieser Mann eigentlich vorzuweisen hat. Ist er tatsächlich ein so aufrechter Held, wie er sich nach außen gibt, oder nur ein geschickter Blender und Schaumschläger? Erfahrungsgemäß erkennt man ja Menschen mit herausragenden fachlichen, intellektuellen und menschlichen Qualitäten an ihrer Toleranz und Großzügigkeit. Die logische Schlussfolgerung daraus ist: Ein Mann, der sich aufbläht wie ein Pfau im Hühnerstall und laut schreiend ein Rad nach dem anderen schlägt, hat in Wahrheit nicht mehr zu bieten als ein halbes Hähnchen. Denn nur, um seine eigenen Fehler zu kaschieren, reitet er zeternd auf den Schwächen seiner Untergebenen, zu denen auch eine Frau zählt, herum.

Dieser Mensch reagiert am härtesten bei Schwächen, unter denen er selbst am meisten leidet. Ein Beispiel: Mit seinem Gedächtnis ist es so weit her wie mit einer zerschossenen Salontür, und er kann sich in Stresssituationen weder an seine eigene Telefonnummer erinnern noch weiß er, wo er zuletzt sein Auto hingestellt hat. Wen wundert 's, dass er an einem anderen, ihm ausgelieferten Menschen, der ja auch seine Frau ist, seine eigene Schwäche gespiegelt sieht? Dass er, statt Verständnis zu zeigen, endlich einmal den Frust ablässt?

Aber jetzt bloß kein Mitleid, kein Bedauern! Ich rate allen denen, die in einem seltenen Moment der Vertrautheit ihre müden Drachentöter töten wollen, nicht zu zögern. Nehmen Sie Ihren Stöckelschuh und stechen Sie zu, gnadenlos und kaltblütig, im Namen aller gedemütigten Frauen. Und wenn der Schuft Ihnen dann verendend seine letzten Worte entgegenfaselt, dann streicheln Sie ihm noch mal zärtlich über die Wange. Denn schließlich fanden Sie ihn ja mal gut, oder?

Also, so einer wär 's also nicht, das hatte ich schon mal probiert, erinnern Sie sich? Was bleibt noch übrig? Leider gibt es unter Männern naturgemäß eine Menge Jäger und Sammler. Das ist angeblich archaisch bedingt. Besonders vorsichtig sollten wir sein, wenn das Gegenüber einen Ring ganz außen an der Hand trägt, der sogenannte Kleinfingerringer. Diese Möchtegern-Schnösel haben den Instinkt einer Natter, den Charme eines Barkeepers und die Beharrlichkeit eines Kopfgeldjägers.

Für jede neue Braut putzen sie ihr Pferd, reiten viele Meilen weit und nächtigen auf Heu und Stroh. Haben sie ihr Opfer erst mal ins Visier genommen, werfen sie ihr Lasso und ziehen ihre Beute ins Gebüsch. Hinterher desinfizieren sie unter der Dusche ihr Anhängsel mit Sagrotan und beten zum lieben Gott, dass sie sich keine Filzläuse eingefangen haben.

Aber mal ehrlich – wir sind doch selber schuld, wenn wir uns am ersten Abend schon abschleppen lassen. Denn eines muss uns doch klar sein: So, wie sich dieser Kerl uns gegenüber verhält, so verhält er sich auch allen anderen Weibsbildern gegenüber. Will er uns schon am ersten Abend »näher kennenlernen«, dann liegt das bestimmt nicht an den schönen blauen, grauen oder sonstigen Augen, die wir haben.

Männer, die uns Frauen zum Objekt machen, in uns dekorative Kuschelschnittchen an der Bäckertheke sehen, darauf deuten, »will ich haben«, murmeln, uns nehmen, runterschlingen, verdauen, sind in der Regel oberflächliche, eingebildete und dummdreiste Vertreter der männlichen Rasse, Männer für gewisse Stunden. Kennt man einen, kennt man alle.

Und sollten Sie doch mal auf so einen reinfallen, dann sollten Sie Ihr Herz in die Handtasche stecken, sonst vergessen Sie es vielleicht noch in einem zerwühlten Bett und wissen später nicht, welches der tausend gebrochenen Exemplare am Fußende Ihnen gehört.

Dann gibt 's noch diesen Typ: Wenn er schon auf einen zukommt, dann lässig wie ein Cowboy, er schiebt beim Schlendern die Hüften nach vorne, die Arme leicht angewinkelt. Statt eines Colts am Gürtel trägt er seine Waffe in der Hose. Sein Haar ist pomadig aus der Stirn gekämmt, das Kinn erhoben, die Augen halb geschlossen. Der Mund ist zu einem widerlich großspurigen, unendlich mitleidigen Lächeln verzogen. Weil er sich natürlich auskennt im »Hasen schießen«, weiß er längst, worauf es bei Frauen ankommt. Um uns von einer guten Kinderstube zu überzeugen, lässt er schon möglichst früh durchblicken, das er die Knigge-Regeln perfekt beherrscht und uns als schwaches weibliches Wesen nie im Leben zumuten würde, das Lokal zuerst betreten zu müssen. Um Himmels willen! Im Innenraum könnten unberechenbare Gefahren lauern. Ein Tiger könnte uns anfallen, ein Amokläufer oder ein Kellner mit Mundgeruch.

Wie ein gutdressierter Tanzbär schiebt er uns den Stuhl unter den Hintern, hängt unser Mäntelchen an die Garderobe und schenkt uns nach, wenn wir nur einen einzigen Schluck aus dem Glas genippt haben. Sein Gespräch ist witzig, er brilliert durch Halbbildung, passt aber höllisch auf, dass das nicht auffällt. Wegen des unschätzbaren Heimvorteils schleppt er uns in ein Lokal seiner Wahl, möglichst dorthin, wo der Ober ihn mit Namen kennt, überrascht uns mit Kino- und Theaterkarten, die er schon vorher besorgt hat, und entführt uns zum Ausgang dieses gelungenen Abends zu einer romantischen Stelle an einen nahegelegenen Teich, See oder eine andere Pfütze. Hauptsache es plätschert nett, die Grillen zirpen, und wir können gemeinsam gegen die Mücken kämpfen. Dort stehen wir dann im Mondschein auf Zehenspitzen in einer von unseren Vorgängerinnen schon platt getretenen Kuhle und geben unserem Prinzen den ersten feuchten Kuss.

Der Rest des Abends ist vorprogrammiert. Entweder, wir landen in seinem Bett oder er in unserem. Denn das ist das eigentliche Ziel seiner vielfältigen Bemühungen. Würde er auf halber Strecke aufgeben, hätte sich der ganze Aufwand ja nicht gelohnt. Vorausgesetzt, wir sind selbst eine professionelle Aufreißerin, könnten wir die Gelegenheit für einen unverbindlichen One-Night-Stand nutzen und den selbstverständlichen Umgang unseres Partners mit dem ihm bis dato unbekannten weiblichen Körper genießen. Sind wir aber auf der Suche nach der großen reinen süßen Liebe, werden wir bitter enttäuscht. Irgendwie ahnen wir es schon auf den ersten Blick, die volle Erkenntnis kommt aber erst, wenn wir mit einem viel zu großen Pyjama und einem von Bartstoppeln wundgescheuerten Gesicht auf einem durchgelegenen Futon erwachen.

Ein schüchternes Lächeln, eine kalte Dusche und ein halbes Marmeladenbrötchen – dann gehen Romeo und Julia wieder getrennte Wege. Und wenn wir dann frierend auf der Bank der nächsten Bushaltestelle sitzen, ärgern wir uns dermaßen, dass wir, statt auf die innere warnende Stimme zu hören, den letzten Cosmopolitan-Artikel zum Anlass nahmen, um unserer »Kopflastigkeit« zu entsagen und uns auf unsere animalischen Instinkte zu besinnen. Und was haben wir jetzt davon? Einen schalen Nachgeschmack und eine ernüchternde Erfahrung, die wir uns hätten ersparen können.

Und wie wär 's mit dem nicht minder gefährlichen, selbstverliebten, jungenhaften, sympathischen Strahlemann? Bloß Hände davon lassen! Ein Lächeln von ihm, und die Sonne geht auf. Er ist braungebrannt, sportlich, breitschultrig und sieht einfach umwerfend aus, vor allem in seinem Wollpulli. Er ist außergewöhnlich aufmerksam, hört uns stundenlang zu, versteht einfach alles. Er ist Loverboy, Therapeut und Knuddelbär in einer Person. Leider merken wir schon nach kurzer Zeit, dass unser scheinbar so konzentrierter Zuhörer wichtige Einzelheiten unserer Schilderungen gar nicht kapiert, an den falschen Stellen dumme Fragen stellt, Details über unsere Person mit anderen Sachverhalten zu verwechseln scheint. Wie war doch gleich das Sternzeichen? Stimmt, ja, du kommst aus Düsseldorf ... oder war es Duisburg? Und selbst, wenn wir von den weißen Zähnen noch so geblendet sind – irgendwann müssen wir der traurigen Gewissheit ins Auge sehen: Der Knuddel ist ein konturenloser Langweiler.

»Aber wenn ich mir diesen knackigen Jeans-Hintern ansehe«, jammern Sie jetzt vielleicht, »einmal könnte ich schon mit ihm ...« Bitteschön, viel Spaß wünsche ich Ihnen. Nur, bilden Sie sich bloß nicht ein, nach einer Nacht mit unschuldigen Küssen und innigem Austausch Ihrer Bauchnabelfusseln könnten Sie Besitzansprüche anmelden. So ein Kerl ist zu schön für nur eine Frau.

Er ist wie der Wind, weht von Blüte zu Blüte. Während er uns noch liebevoll bestäubend umschmeichelt, ist er mit derselben Intensität schon bei der Nächsten. Dieser Typ gehört niemals einer alleine, denn er liebt nur sich. Außerdem ist ein so immer lächelnder Sausewind und Hansdampf in allen Gassen, der ewig auf Wolke Sieben schwebt, für eine anspruchsvolle Frau nicht auszuhalten. Sein Leben lang hatte er Erfolg und sah dufte aus.

Auf dem Schulhof schon war er der King und schleppte jede Pause kiloweise Fanpost mit in seine Klasse. Immer konnte er sich auf sein Aussehen verlassen, musste sich nie Anerkennung durch Leistung verschaffen. Insgesamt hat er was Oberflächliches. Er wird älter – auch er – und seine Schönheit wird verblassen. Und was bleibt dann von diesem Sunnyboy? Eine Dumpfbacke mit Plattfüßen und Halbglatze, der debil lächelnd jungen Mädchen nachstiert. Nein, danke!

Verheiratete Männer? Meine Ansicht: alle, bloß die nicht! Ein absolutes No-Go! Bei denen ist höchste Vorsicht geboten. Wenn sie uns anquatschen, können Sie davon ausgehen, dass sie mindestens schon 387.000-mal in ihrer Ehe fremd gegangen sind und das nach uns weiter tun werden, bis sie den dritten Herzinfarkt erleiden.

Um uns rumzukriegen, erzählen sie die ewig gleiche abgelutschte Story von der frigiden Ehefrau oder der verständnislosen, oder von der Ehefrau, die sich voll der Esoterik oder dem Buddhismus verschrieben hat. Und dass kein Gespräch möglich ist, man sich auseinandergelebt habe etc. etc. Die Lügenliste ließe sich beliebig erweitern. Denn diesen Fremdgängern ist wirklich kein Argument zu dumm, um an uns ran und aus dem Ehetrott rauszukommen.

Sind Sie jemand, der ein zartes Seelchen hat, mit Körper und Seele liebt? Lassen Sie bloß die Finger davon, wenn Sie nicht an jedem Wochenende, Feiertag und abends nach einer kurzen Nummer im Hotel alleine sitzen und sich die Augen aus dem Kopf heulen wollen. Schon manche von uns ist über dem Warten, auf dass er sich doch noch trenne, alt und grau geworden!

Wenn Sie genauso robust mit dem Thema umgehen können wie die hauptamtlichen Gatten, die uns nebenbei becircen, dann nichts wie ran! Dann behalten Sie Ihr Herzchen fest im Griff und beide bekommen, was sie wollen. Eine Win-Win-Situation. Glückwunsch!

Und noch eines zu verheirateten Männern: Was sich nie ändern wird, ist das Bildnis des männlichen Märtyrers, auch wenn ich keinen mehr habe. Wenn demnächst wieder ein Märtyrer heiliggesprochen wird, dann wird es bestimmt der Mann als Familienvater und Berufstätiger sein, der, der sein Heim verlassen und in der Welt herumreisen muss. Dieser Mensch, ein wahrhaft Heiliger, sitzt auf Flughäfen herum, wartet darauf, einen flüchtigen Blick auf Prominenz oder Häschen zu erhaschen, und verpasst dann seine Maschine, weil der Metalldetektor in der Sicherheitsschleuse auf das Stanniol seiner Kaugummipackung reagiert hat und Alarm schlug.

Dieser Dulder muss Stunde um Stunde in fremden Hotelzimmern nach einem Schalter tasten, damit es endlich um ihn Licht werde, und er muss die ungewohnte Dusche so einstellen, dass der Strahl in der Wanne landet.

Wie die meisten Helden wird auch er zu Lebzeiten selten anerkannt, und dabei ist er doch unvorstellbaren Strapazen und Ärgernissen ausgesetzt. Nachdem er dann drei Tage nur fremde Gesichter in Sitzungen gesehen hat, die ihn mit: »'n Tag, wie geht 's, auf Wiedersehn«, ansprachen, ist ihm doch mal wieder nach der Stimme seines holden Weibchens zumute, und er versucht zu Hause anzurufen. Es dauert eine Stunde, bis das Besetztzeichen frei wird, dann muss er fünfzehn Minuten warten, bis das Kindergartenkind Mama holt, anschließend hört er sich zwanzig Minuten lang eine Jammertirade seines Weibes an, dass das Haus infolge seiner Nachlässigkeit am Zusammenbrechen ist. So schnell es geht, beendet er das Gespräch, stöhnt und eilt, dankbar, dass er nicht zu Hause ist, zur nächsten Sitzung, natürlich mit abendlichem Dinner, Event und Absackern an der Hotelbar, an der dann stets nette Häschen sitzen, die bereit sind, das Heimweh zu lindern. Wahrhaft märtyrerhaft!

Was bleibt nach alledem? Nicht viel! Es gehen mir langsam die Ideen aus. Erst mal ist für mich eines wichtig: Die eigene Mitte.

27. Kapitel

Die eigene Mitte

Nach meiner Scheidung und den untauglichen Versuchen, eine neue Beziehung aufzubauen, konnte ich inzwischen nicht mehr ertragen, wenn ich mich in meiner Freiheit eingeschränkt fühlte. Schon die Frage: »Was wollen wir denn am Wochenende machen?«, könnte mich unter Druck setzen. *Wir! Ich* musste gar nichts machen! Ich hatte einen anstrengenden Job und viele andere Aktivitäten und wollte manchmal einfach nur dasitzen, in den Garten schauen oder die Wand angucken, einfach mal die Seele baumeln lassen, was selten genug der Fall war.

Außerdem hatte ich wirklich keine Lust mehr auf Verarschung. Egal, wie alt die Typen waren, sie dachten, nur weil man weiblich war, sie könnten einem ein X für ein U vormachen. Das musste ich nicht mehr haben. Ich war die Spielchen leid und wollte Ehrlichkeit. Eigentlich habe ich nach Bob niemandem mehr hinterhergeweint. Und das war gut so.

Ich brauchte diese ganzen Komplikationen in meinem Leben nicht mehr. Seit etlichen Jahren war ich geschieden und zufrieden damit. Mir genügten meine Kinder, meine Berufe, meine Hobbies, die Freunde. Inzwischen entwickelte sich ein Gefühl von Nähe bei mir – was Männer anbelangt – selten. Ich hatte keine Neigung mehr zum Klammern wie früher und hasste es, wenn es jemand bei mir tat. Meistens waren es ja Männer, die eine Krise bekamen, wenn sie einen Satz hörten wie: »Wollen wir nicht mehr Zeit miteinander verbringen?« Bei mir war es inzwischen genauso. Dabei war ich weder eine Emanze noch hatte ich eine einzige lilafarbene Latzhose in meinem Schrank. Dennoch, zu viel Nähe wurde mir suspekt. Wahrscheinlich ist das ein Schutzinstinkt. Ich stellte fest: Ich konnte mich nicht mehr verlieben.

Krisen hatte ich keine. Ich könnte sie aber sofort bekommen, wenn ich mir vorstellte, da wäre ständig ein Partner unter meinem Dach, mit dem ich mich jederzeit befassen müsste bzw.

einer der, auch wenn nicht unter meinem Dach lebend, sich nicht alleine beschäftigen könnte.

Dass ich mich noch einmal so in jemanden verliebte, dass ich wirklich Tag und Nacht mit ihm zusammensein wollte, konnte ich mir nicht mehr vorstellen. Schmutzige Anziehsachen, leere Klopapierrollen, ungebügelte Hemden – nach so etwas suchte ich jedenfalls nicht mehr. Denn der Alltag ist der Tod jeder Beziehung, das ist meine feste Überzeugung. Daher war ich auf der Flucht davor. Und jemand müsste mir schon ein Bein stellen, um mich dazu zu kriegen.

Vielleicht haben aber auch die ganzen Enttäuschungen, die ich erlebte hatte, dazu beigetragen, dass ich eine Weile nicht mehr normal reagierte. Sie können es mir glauben, ich habe es mit Vernunft versucht, purer Vernunft, und mich selbst dazu überredet, mit »vernünftigen« Männern eine Beziehung einzugehen. Der Ansatz war schon kläglich. Ich habe einfach nicht reagiert. Das heißt, meine Seele und mein Körper haben nicht reagiert. Sie waren quasi in »Streikzustand« getreten und nichts lief mehr, wenn Sie verstehen, was ich meine.

»Wie auch immer, es war wahrscheinlich besser so. Wäre ohnehin nicht der Richtige gewesen«, sagte ich mir. Ich hatte keine Lust mehr, ständig abends Angst haben zu müssen, ob derjenige nicht auf Dauer-Pirsch – und sei es nur im Internet – war. Obwohl es durchaus verführerisch sein kann, in einer warmen Höhle und mit einer lebendigen Wärmflasche im Rücken einzunicken, jedenfalls manchmal. Aber in diesen Dingen war ich inzwischen sowieso hart zu mir selbst, um nicht in zu große Abhängigkeit zu geraten, ich übernachte nirgends.

Mag sein, dass irgendwann noch mal unser Märchenprinz auftaucht. Darauf warten sollten wir nicht, genausowenig wie auf Anrufe, um sich fürs Wochenende zu verabreden. Entweder es kommt, oder es kommt nicht. Inzwischen sollten wir gelernt haben, uns selbst genug zu sein. Sie haben sicher auch vieles, um sich daran zu erfreuen. So wie ich (noch) meine Kinder bzw. meine Jugendlichen, an denen ich meistens Freude habe und einen ausgefüllten Job und Zweitjob. Und ich betrieb ein neues Hobby und war dabei, mir einen neuen Bekanntenkreis zu erschließen. Im Grunde ist mein Leben nicht nur genauso ausgefüllt wie mit einem Mann, sondern sogar mehr als in einer Langeweile-Beziehung. Worauf sollten wir also noch warten? Und mit dieser Einstellung sind wir nicht alleine.

Und vielleicht sollten Sie mal den Tipp aus einem Buch, das ich neulich gelesen hatte, beherzigen: einen Gefährten mit dem Herzen finden, nicht mit den Augen.

»Wie öde!«, werden Sie vielleicht sagen. »Diese inzwischen doch recht angestaubte und plattgetretene Weisheit aus dem Kleinen Prinzen ...«

Aber sie soll zutreffen. In dem Buch heißt es: »Suchen Sie sich einen Kerl, mit dem Sie sich wirklich verstehen. Dem Sie, ohne zu zögern, mal kräftig auf die Schultern und wenn 's sein muss, auch mal auf den Hintern hauen können. Zu dem Sie nach kurzer Zeit Vertrauen haben, dass er Ihnen nicht nur in harmonisch–romantischen Stunden, sondern auch in unangenehmen und peinlichen Situationen, in Momenten, in denen eine Frau lieber alleine ist, beistehen kann. Ein Typ, der Ihnen gefällt, weil er Sie wirklich versteht. Der Sie mag, weil Sie oder obwohl Sie die Fehler haben, die Sie haben. Weil Sie zum Beispiel beim Anblick schwarzbehaarter Spinnenbeine vor Ekel die Wände hochklettern oder bei der letzten Oscar-Verleihung vor Rührung heulen mussten. Eben ein Mensch, der hundertprozentig auf Sie und hinter Ihnen steht.«

Und weiter heißt es: »Mit ihm können Sie durch alle Himmel und Höllen der Annäherung gehen. Ihm können Sie sagen, was Sie beglückt und bedrückt. Bei ihm können Sie sich gehen lassen, ohne die angesagte Rolle der Unschuld vom Lande oder Femme Fatale spielen zu müssen. Erotische Spiele geraten mit ihm zur Lachnummer, Sex unterm Küchentisch wird zur kunterbunten Beulenorgie. Ganz egal, der siebte Himmel wartet. Und der Weg dorthin ist nicht selten das Ziel. Denn auf diesem Weg gibt es – mit dem richtigen Mann an Ihrer Seite – tausend göttliche Situationen.«

Ja, das ist 's doch! Das drückt genau das aus, was ich meine.

So eine Beziehung ist – nach allem – das Verlockendste, was frau begegnen kann. Suchen kann man es nicht. Aber die Chance ist da. Jederzeit. Und für jede von uns.

Woher ich das nehme? Ich habe ein Buch gelesen. Danach muss man nur seine »Bestellung« ans Universum richten, denn das Universum möchte zufriedene Menschen. Natürlich muss man daran glauben. Aber ich habe das mit Kleinigkeiten bereits ausprobiert, zum Beispiel mit Parkplätzen. Wenn ich fest daran glaube, dass ich an einer bestimmten Stelle einen freien Parkplatz erwische, dann gelingt das zu fünfundneunzig Prozent. Ehrlich, ich erzähle hier kein Märchen. Der feste Glaube und die möglichst exakte Vorstellung reichen.

Was einen Herrn der Schöpfung anbelangt, habe ich auch konkrete Vorstellungen. Gerne habe ich jemanden, der auf meiner Wellenlänge schwimmt, der meinen Humor und meine Chemie hat. Ich mag Menschen nicht, die nur bissig und zynisch sind und auch so über andere reden. Meistens empfinden sie sich als kleine »Harald Schmidts« und verkennen, dass sie das nicht sein können und wirken lächerlich. Klar, ich mag den feinen, schwarzen Humor, der die Dinge hinterfragt, jemand, der ehrlich und spontan ist, aber nicht überheblich. So kann ein herrlicher Schlagabtausch entstehen, an dessen Ende immer beide lachen, aber nie eine Kränkung entsteht. Wenn der Humor mit einem Mann stimmt, dann folgt die Ausstrahlung, die natürlich auch von der äußeren Erscheinung abhängt. Jeder Mensch hat eine andere Vorstellung davon. Ich meine, die Art, wie jemand einen Raum betritt, die Art, wie er einen anderen Menschen ansieht oder ob er durch sie durchschaut und dabei an etwas anderes denkt.

Entscheidend ist auch, wie jemand zuhört und antwortet. Sein Lachen: Ist es echt oder gekünstelt? Kommt es aus dem Bauch, von Herzen oder aus der gesellschaftlichen Konvention oder aus Unsicherheit? Augen und Mund sind wichtig, ein klarer gerader Blick. Männer, die einem nicht in die Augen gucken können, sind mir suspekt. Ich achte auch auf Hände und Füße und natürlich auf das, was er dazwischen trägt. Dann, seine Stimme und der Tonfall. Männer, deren Stimme sich bei Aufregung leicht überschlägt, sind mit Vorsicht zu genießen. Ich muss die Männerstimme am Telefon gern haben, ihr lauschen können, selbst, wenn sie etwas Belangloses sagt. Und ganz wichtig: Ich muss ihn riechen können und gern anfassen mögen. Das Ende einer Beziehung signalisiert meist der Satz: »Ich kann ihn/sie nicht mehr anfassen, und wenn er/sie mit mir schlafen will, ist mir das zuwider.« Da hilft kein Eheberater mehr, und auch das siebte Kind wird nichts ändern. Hier hilft nur die Trennung, bevor es noch grausiger wird.

Humor, Verstand, Menschlichkeit, liberales Denken, gute Allgemeinbildung, Weltoffenheit. Vielleicht sollten wir uns eine Kuchenform nehmen, die Zutaten kräftig mischen und dann versuchen, uns einen Mann zu backen? So ähnlich hört sich das ja wohl an, was ich da geschrieben habe. Und wohlfühlen mit einem Mann? Das beginnt eigentlich schon in dem Moment, wenn er zur Türe reinkommt, oder wir uns in die Augen schauen. Der Rest ist sowieso nicht steuerbar. Wie lange der Funke trägt, was er entfacht, und ob auch die Glut noch wärmt, wenn das Feuer heruntergebrannt ist, zeigt sich später. Mit etwas Verstand auf beiden Seiten, Respekt voreinander, Vertrauen füreinander und mit dem gemeinsamen Ziel, glücklich zu sein, müsste es eigentlich gelingen. Es gibt Beispiele dafür, immer noch.

Da das Ganze für eine Bestellung zu lang wäre, habe ich gekürzt: Ich bestelle jemanden, der zu mir passt. Das Universum weiß schon, was ich brauche. Und dabei wird mir klar: Ist schön, wenn 's klappt, aber wenn nicht, auch kein Problem. Schließlich habe ich auch so schon sehr viel. Denn erst jetzt, nach den recht anstrengenden, nervenaufreibenden Jahren im Anschluss an die Scheidung und des Neubeginns, wird mir das Ausmaß bewusst, was ich da geschafft habe, welcher Kraftakt hinter mir liegt. Langsam hatte ich damals angefangen, mich wieder zu entspannen und Lebensfreude zu empfinden. Zum ersten Mal erfuhr ich nach vielen Jahren, wie meine Fähigkeiten wertgeschätzt wurden und habe auch verborgene gefunden.

Heute weiß ich, was ich alles kann und geleistet habe. Das genieße ich und ich genieße das Glück, in meinen Kindern zwei wundervolle Menschen zu haben, die gute Charaktereigenschaften besitzen – eine Leistung, die ich mir anrechne, auf die ich stolz bin. Ich habe inzwischen auch gelernt, mir neue Bereiche und Interessen zu erschließen, was in meiner Ehe nicht möglich gewesen wäre. Jetzt bin ich die, die ich die ganzen Jahre hätte sein wollen und sollen. Jetzt habe ich die eigene Mitte gefunden.

Meinen Weg nach meiner Trennung vergleiche ich heute mit dem eines kleinen Kindes, das versucht, das Laufen zu erlernen. Erst steht es wackelig und unsicher auf seinen Beinchen, dann wird es mutiger und macht die ersten Schritte alleine und hat Spaß daran. Das Kind steht immer wieder auf, wenn es gefallen ist. Manchmal helfen andere ihm. Und es wird mutiger, schließlich fällt es nicht mehr hin. Langsam fängt es an zu rennen, um zu sehen, was ihm als Nächstes begegnen wird. Es ist neugierig; die Entfernungen, die es zurücklegt, werden größer. Das Kind entdeckt ständig Neues. Es freut sich auf die Zukunft und stellt erstaunt fest: »Allein geschafft!«